New-World Spanish Series

POCO A POCO

AN ELEMENTARY
DIRECT METHOD FOR
LEARNING SPANISH

By Guillermo Hall

Adjunct Professor of Romance Languages in the
University of Texas

ILLUSTRATED BY
C. F. Arcieri

Yonkers-on-Hudson, New York
WORLD BOOK COMPANY
1917

PREFACE

It is not necessary to go into a detailed statement here of the general reasons which make desirable the use of the direct method in teaching beginners a foreign language. It will be sufficient to state some of the ideas the author has had in mind in preparing this book.

Speech in any language is the spontaneous result of a desire to express thought. Spontaneous expression of thought presupposes several factors. Chief among these is the existence in the mind of the speaker of the symbols of thought. These symbols are words and the groups of words that we call sentences. To employ these symbols spontaneously and correctly their use must be a habit. Now habit is the result of doing the same thing many times.

In other words, correct speech is the result not so much of knowledge as of habit. If anyone doubts the truth of this assertion, let him go to hear some public speaker and listen carefully for slips in grammar and in pronunciation. He is likely to find them aplenty. Why? Because the speaker does not know better? No, not that; but simply because under stress of enthusiasm or of emotion the man lapses unconsciously into the language heard in his early youth — that is, of the period before he studied grammar and rhetoric.

It follows, then, since correct speech is a habit, and habits are built up by repetition, that the young student needs much practice. In this book the required practice is provided by the *Práctica en el Uso de Las Formas* and by very abundant *Ejercicios, Cuestionarios* and *Composiciones*.

Yet another thing is important. If the student is to speak the language, he must previously hear it. The

iii

human ear does not recognize the sounds it has never heard. Children who are born deaf rarely learn to speak. The congenitally blind deaf-mutes are not mute because they cannot see, but because they cannot hear. The mute graduates of our classes in modern languages, let us add, are mute in spite of having seen much of the language, simply because they have not heard it. It must be remembered also that first impressions are strongest and most lasting, and their first impressions have been through the eye.

For these reasons, and for others that cannot be discussed in limited space, the author believes that the lessons of this book should be presented orally before the student sees the words in print. Let the ear learn to recognize the sound of the basic words of the language. The eye will help the ear afterwards. If we reverse the process, the eye simply builds up its own separate memory groups and is a hindrance rather than a help.

Specific suggestions as to method, word lists, hints for presentation, etc. will be found in the Teacher's Manual, which may be obtained from the publishers.

In preparing Poco A Poco, the author has tried to lighten the work of the conscientious teacher and the gloom of the despairing student by infusing as much interest as possible into the lessons. To this end there is much variety and much opportunity for the student to "try his wings." There is always some part of the exercises which can only be answered by the wide-awake, enterprising student who has a healthy repugnance to predigested mental pabulum.

In *Parte Segunda* will be found much valuable reference material, — models for correspondence, rules, explanations of vocabulary, irregular forms, conjugations, forms of adjectives, pronouns, etc., — and at the end, a complete index arranged first by heading of subject-matter, and second by words whose grammatical peculiarities are treated.

In conclusion, the author wishes to thank his friends and fellow teachers who have contributed by helpful suggestions to make what he hopes will be found a practical and interesting method of learning the first two thousand words.

TABLA DE MATERIAS

PARTE PRIMERA

PÁGINA

LECCIÓN PRIMERA 1
LECCIÓN SEGUNDA 4
LECCIÓN TERCERA 8
LECCIÓN CUARTA 10
LECCIÓN QUINTA 16
LECCIÓN SEXTA 20
LECCIÓN SÉPTIMA 25
LECCIÓN OCTAVA 29
LECCIÓN NOVENA 34
LECCIÓN DÉCIMA 38
LECCIÓN UNDÉCIMA 42
LECCIÓN DUODÉCIMA 47
LECCIÓN DÉCIMOTERCIA 51
LECCIÓN DÉCIMOCUARTA 56
LECCIÓN DÉCIMOQUINTA 62
LECCIÓN DÉCIMOSEXTA 67
LECCIÓN DÉCIMOSÉPTIMA 73
LECCIÓN DÉCIMOCTAVA 78
LECCIÓN DÉCIMONONA 84
LECCIÓN VIGÉSIMA 89
LECCIÓN VIGÉSIMA PRIMERA 95
LECCIÓN VIGÉSIMA SEGUNDA 99
LECCIÓN VIGÉSIMA TERCERA 104
LECCIÓN VIGÉSIMA CUARTA 110
LECCIÓN VIGÉSIMA QUINTA 117
LECCIÓN VIGÉSIMA SEXTA 123
LECCIÓN VIGÉSIMA SÉPTIMA 128
LECCIÓN VIGÉSIMA OCTAVA 134
LECCIÓN VIGÉSIMA NONA 140
LECCIÓN TRIGÉSIMA 146
LECCIÓN TRIGÉSIMA PRIMERA 152
LECCIÓN TRIGÉSIMA SEGUNDA 159
LECCIÓN TRIGÉSIMA TERCERA 165
LECCIÓN TRIGÉSIMA CUARTA 172
LECCIÓN TRIGÉSIMA QUINTA 179
LECCIÓN TRIGÉSIMA SEXTA 186
LECCIÓN TRIGÉSIMA SÉPTIMA 194
LECCIÓN TRIGÉSIMA OCTAVA 204

Contents

PÁGINA

Lección trigésima nona 210
Lección cuadragésima 216

PARTE SEGUNDA

A. Modelos de Cartas y de Formas Comerciales . . . 225
B. Explicaciones Gramaticales 239
C. Tablas Gramaticales
    (1) Los Verbos
        Índice de Conjugaciones 277
        Conjugación de los Verbos 278
        Tabla de las Terminaciones de los Verbos Regulares de las Tres Conjugaciones 282
        Notas sobre la Conjugación de algunos Verbos Irregulares 283
        Verbos Irregulares Clasificados 284
        Verbos Irregulares no Clasificados 290
        Participios Irregulares 295
        Lista de Formas Irregulares 295
    (2) Artículos, Adjetivos y Pronombres 298
D. Índice Gramatical
    (1) Por Materia 303
    (2) Por Palabras 306

POCO A POCO

PARTE PRIMERA

LECCIÓN PRIMERA

1. CONVERSACIÓN

— El elefante es un animal. ¿Qué es el elefante?

— Es un animal.

— ¿Es la rata un animal?

— Sí, señor.

— El elefante y la rata son animales. ¿Qué son el elefante y la mula?

El elefante

— El elefante y la mula son animales.

— El elefante es un animal grande. ¿Es grande la rata?

La rata

— No, señor; la rata no es grande; es pequeña.

— Sí; la rata es un animal pequeño. Los elefantes son grandes; las ratas son pequeñas. ¿Son pequeños los caballos?

— No, señor; son grandes.

— ¿Cuál es el animal más grande?

El caballo

La mula

— El elefante.

— ¿Cúales son los animales pequeños?

— Las ratas.

— ¿Son grandes los burros?

— No, señor; son pequeños.

El burro

1

2. PRÁCTICA EN EL USO DE LAS FÓRMAS

Apréndase de memoria y repítase con el libro cerrado:[1]

El elefante es grande.

Los elefantes son grandes.

El burro es pequeño.

Los burros son pequeños.

La rata es pequeña.

Las ratas son pequeñas.

El caballo no es pequeño.

La mula no es pequeña.

El elefante y el caballo no son pequeños.

El caballo y la mula no son pequeños.

Dos ratas

    ¿Es pequeño el caballo?

    ¿Son pequeños los caballos?

    ¿Es pequeña la rata?

    ¿Son pequeñas las ratas?

    ¿No es grande el elefante?

    ¿No son grandes los elefantes?

Dos caballos

Un caballo y un caballo son dos (2) caballos.

Una mula y una mula son dos mulas.

3. FRASES ÚTILES

Para aprenderse de memoria:

    ¿Qué es?   ¿Cuál es?

    ¿Qué son?   ¿Cuáles son?

[1] El profesor instruirá a los alumnos convenientemente en el curso de las lecciones explicándoles la manera de estudiar lo que se encuentra bajo los encabezamientos *Práctica en el Uso de las Formas, Frases Útiles, Ejercicio y Cuestionario.* Las palabras de estas direcciones no se cuentan como parte del vocabulario del libro.

4. EJERCICIO

A. Úsese la forma apropiada del artículo determinado en singular, *el* o *la:*

burro   animal   mula   caballo   rata   elefante

B. Póngase el artículo indeterminado en singular, *un* o *una:*

rata   caballo   elefante   mula   animal   burro

C. ¿Cuáles son las palabras de la lección que se escriben con acento gráfico (')?

D. ¿Cuáles son las palabras que se escriben con ñ?

E. Colóquese el adjetivo en lugar de los puntos (. . . .):

1. El elefante es . . . .
2. La rata es . . . .
3. El elefante es el animal más . . . .
4. El caballo no es . . . .
5. La rata no es . . . .

5. CUESTIONARIO

1. ¿Qué es el elefante?
2. ¿Qué son el elefante y la mula?
3. ¿Es grande la rata?
4. ¿Cuál es el animal más grande?
5. ¿Cuál es más grande, el caballo o el elefante?
6. ¿Cuáles son los animales más grandes?
7. ¿Es el caballo un animal pequeño?
8. ¿Cuáles son los animales más pequeños de la lección?
9. ¿Cuál de los dos (2) es más pequeño, el burro o el caballo?
10. ¿Cuál es el más pequeño de los animales de la lección?

Juan   Antonio   María   Anita   Luis

LECCIÓN SEGUNDA

6. CONVERSACIÓN

— Juan es un muchacho.   ¿Es María un muchacho?

— ¡Oh, no! ella (María) es una muchacha.

— ¿Y qué es Juan?

— Él (Juan) es un muchacho.

— ¿Qué es Antonio?

— Antonio es un muchacho.

— Antonio es el hermano de Juan.   ¿Tiene Juan una hermana?

— Sí, señor; tiene dos hermanas, María y Anita.

— ¿Son muchachos María y Anita?

— No, señor; ellas son muchachas.

— ¿Y qué son Antonio y Juan?

— Ellos son muchachos.

— ¿Cuántos hermanos tienen María y Anita?

— Tienen tres (3).

— ¿Cuántas hermanas tiene María?

— Una hermana.

— ¿Cómo se llama?

— Anita.

— ¿Cuántos hermanos tiene Antonio?

— Tiene dos.

— ¿Cómo se llaman?

— Uno se llama Juan, el otro,
Luis.

— ¿Cuál es más alto?

— Juan.

— ¿Cuál es más bajo?

— Luis.

Juan es más alto que María

— De los tres hermanos, ¿cuál es el más alto?

— Antonio.

— ¿Es María más alta que Juan?

— No, señor; es menos alta que él,
pero es más alta que Anita.

— Sí; Anita es una muchacha chica
o pequeña. Una muchacha chica es
una niña. ¿Qué es un muchacho chico?

— Es un niño.

— ¿Quién es el niño de la familia?

— Luis.

Juan es menos
alto que Antonio

— ¿Quiénes son las muchachas?

— María y Anita.

— ¿Cuántas son las personas de la lección?

— Son cinco: Antonio, una (persona); Juan, dos
(personas); María, tres; Anita, cuatro; y Luis, cinco.

7. PRÁCTICA EN EL USO DE LAS FORMAS

Juan es más alto que María.

Los muchachos son más altos que las muchachas.

María es más pequeña que Juan.

Las muchachas son más pequeñas que los muchachos.

María es menos alta que Juan.

Las muchachas son menos altas que los muchachos.

María es más chica que Juan.

Las muchachas son más chicas que los muchachos.

¿Quién es más alto? — Juan.

¿Quién es más pequeña? — María.

¿Cuántos hermanos chicos tiene María? — Uno.

¿Cómo se llama? — Luis.

¿Cuántas hermanas chicas tiene María? — Una.

¿Cómo se llama? — Anita.

8. FRASES ÚTILES

¿Cuánto es?	¿Cómo se llama?
¿Cuántos son?	¿Cómo se llaman?
¿Quién es?	. . . . es más . . . . que . . . .
¿Quiénes son?	. . . . es menos . . . . que . . . .

9. EJERCICIO

A. Adición rápida:	*B.* Substracción rápida:
2 y 3 son	. 5 menos 2 son . . . .
3 y 1 son	3 menos 1 son . . . .
2 y 2 son	4 menos 2 son . . . .
4 y 1 son	5 menos 3 son . . . .

C. En las dos lecciones, ¿cuáles son las palabras que se escriben con acento gráfico? ¿cuáles se escriben con ñ?

D. En cada una de las siguientes oraciones póngase el adjetivo que falta:

1. Antonio es más . . . . que Juan.
2. Juan es más . . . . que María.
3. Antonio es el más . . . . de los hermanos.
4. María es menos . . . . que Juan.
5. Las muchachas son más . . . . que los muchachos.

E. Complétense las siguientes oraciones:

1. María es más alta . . . . Juan.
2. Juan es menos alto . . . . Antonio.
3. La muchacha es . . . . alta que el muchacho.
4. Las muchachas son . . . . que los muchachos.
5. Los muchachos son . . . . que las muchachas.

10. CUESTIONARIO

1. ¿Qué son más, tres o cinco? ¿cuántos más?
2. ¿Qué son menos, cuatro o tres? ¿cuántos menos?
3. ¿Cuántos son dos y tres? ¿dos y dos?
4. ¿Cuántos son cinco menos dos? ¿cuatro menos dos?
5. ¿Es Juan más alto que Antonio?
6. ¿Es Anita más pequeña que Luis?
7. ¿Es Antonio más alto que los otros muchachos?
8. ¿Cuál es el más pequeño de los muchachos de la lección?
9. ¿Quién es más bajo que Antonio y más alto que Luis?
10. ¿Quién es más baja que Juan y más alta que Anita?

Un buque   El mundo   Un vapor

LECCIÓN TERCERA

11. LECTURA

Nueva York es una ciudad.

La ciudad más grande del mundo es Londres.

Las ciudades más grandes de los Estados Unidos son Nueva York, Chicago, Filadelfia, San Luis y Boston.

Nueva York es la ciudad más grande y el puerto más importante de la América del Norte.

El comercio de Nueva York es muy grande. En su puerto entran y de él salen los buques y vapores de todos los puertos del mundo.

Los vapores llevan a bordo pasajeros y cargamento de mercancías de todas partes del mundo.

Los buques llevan grandes cargamentos, pero no llevan muchos pasajeros.

Más de cinco millones de personas viven en la ciudad y otras muchas viven alrededor en otras poblaciones.

12. CONVERSACIÓN

— ¿Dónde vive Antonio?
— Vive en Nueva York.
— ¿Vive usted en Nueva York?
— No, señor; yo no vivo en Nueva York.
— ¿Dónde vive usted?
— Vivo en Buenos Aires.

Los niños entran en la　　Los niños salen de la
escuela　　　　escuela

13. PRÁCTICA EN EL USO DE LAS FORMAS

La ciudad **es** importante.
Las ciudades **son** importantes.

El puerto **es** importante.
Los puertos **son** importantes.

Nueva York **es** una ciudad importante.
Nueva York y Buenos Aires **son** ciudades importantes.

Nueva York **es** un puerto importante.
Nueva York y Buenos Aires **son** puertos importantes.

Yo vivo en Nueva York; usted vive en Buenos Aires.[1]

¿Dónde vivo yo? — Usted vive en Nueva York.
¿Dónde vive usted? — Yo vivo en Buenos Aires.
¿Quién vive en Nueva York? — Usted.
¿Quién vive en Buenos Aires? — Yo.

El buque lleva carga.
Los buques llevan carga.
El vapor lleva pasajeros.
Los vapores llevan pasajeros.

El vapor entra en el puerto.
Los vapores entran en el puerto.

El buque sale del puerto.
Los buques salen del puerto.

El vapor lleva pasajeros y carga

El vapor es de Río de Janeiro.
El buque es de Valparaíso.
Los pasajeros son de todas partes.
Las mercancías son de todos los puertos.

El niño entra en la escuela.
La niña entra en la escuela.
Los niños entran en la escuela.
Las niñas entran en la escuela.

14. CUESTIONARIO

1. ¿Cuál es el puerto más importante de la América del Norte?

2. ¿Cuál es el puerto más importante de la América del Sur?

[1] El profesor debe llevar la siguiente conversación con un discípulo y luego hacer que los alumnos la practiquen, dos por dos.

3. ¿Cuántos millones de personas viven en Nueva York?

4. ¿De dónde son las personas que entran en el puerto?

5. ¿Dónde vive usted?

6. ¿Vive usted en una ciudad o en una población pequeña?

7. ¿Vive usted en un puerto?

8. ¿Vive usted en la América del Sur o en la América del Norte?

9. ¿Es importante el comercio de la ciudad donde usted vive?

10. ¿Cuántos vapores entran y salen?

11. ¿De dónde es el vapor?

12. ¿De dónde es el buque?

13. ¿Qué lleva a bordo el vapor?

14. ¿Qué lleva el buque?

15. ¿De dónde son los pasajeros que entran en el puerto de Nueva York?

16. ¿Qué mercancías llevan los buques que entran en el puerto de Nueva York?

17. ¿Qué es Buenos Aires?

18. ¿Es puerto Montevideo?

19. ¿Cuáles son los puertos más importantes de la América del Sur?

15. COMPOSICIÓN

Escríbanse con libro cerrado cinco oraciones sobre cada uno de estos temas:

1. LA CIUDAD EN QUE USTED VIVE.
2. NUEVA YORK.

LECCIÓN CUARTA

16. CONVERSACIÓN

— ¿Cuántos animales son una mula, dos caballos y un burro?

Una vaca

Una oveja

— Cuatro animales.

— ¿Sabe usted los nombres de algunos otros animales?

— Sí, señor: la vaca, el puerco o cerdo, la oveja, el gato y el perro.

El perro y el gato

Un cerdo

— ¿Cuáles son los animales de la casa?

— El gato y el perro.

— Yo tengo un perro grande. ¿Tiene usted un perro?

La casa

— Sí, señor; pero es pequeño.

— ¿Quién tiene un gato?

— María tiene tres gatos, un gato grande y dos gatos pequeños.

— ¿Cuántos animales tiene el padre de Juan en el corral?

— Tiene seis: dos caballos, una vaca y tres cerdos.

Seis animales en el corral

-- ¿Sabe usted lo que es un ratón?

— No, señor; no sé.

— El ratón es un animalito o animal pequeño de la familia de la rata. ¿Cuál es más pequeño, el ratón o la rata?

— El ratón.

— ¿Cuál es más grande?

— La rata.

— El ratón no es tan grande como la rata. ¿Es

Cinco ratones

la oveja tan grande como la vaca?

— No, señor; la oveja es menos grande que la vaca.

— ¿Cuál es más grande, el gato o el perro?

— El perro.

— Sí; el perro es más grande que el gato.

17. PRÁCTICA EN EL USO DE LAS FORMAS

Yo tengo un perro.   Nosotros tenemos unos perros.
Usted tiene un gato.   Ustedes tienen unos gatos. (42)[1]

[1] Los números en tipo negro se refieren a las secciones de Tablas Gramaticales, de Parte Segunda; véase página 278.

¿Qué tengo yo?— Usted tiene un perro.

¿Qué tiene usted?— Yo tengo un gato.

¿Qué tenemos nosotros? — Ustedes tienen unos perros.

¿Qué tienen ustedes? — Nosotros tenemos unos gatos.

Yo no tengo ningún gato.   Nosotros no tenemos gatos.
Usted no tiene ningún perro.   Ustedes no tienen perros.

¿Tengo yo un perro? — Sí; usted tiene uno.

¿Tiene usted un gato? — Sí; tengo uno.

¿Tenemos nosotros unos perros? — Sí; ustedes tienen algunos.

¿Tienen ustedes unos gatos? — Sí; tenemos algunos.

¿Tengo yo un gato? — No; usted no tiene ninguno.

¿Tiene usted un perro? — No; no tengo ninguno.

¿Tenemos nosotros unos gatos? — No; ustedes no tienen ninguno.

¿Tienen ustedes unos perros? — No; no tenemos ninguno.

Yo sé la lección.	Nosotros sabemos la lección.
Usted sabe la lección.	Ustedes saben la lección. (41)

¿No sé yo la lección? — Sí; usted la sabe.

¿No sabe usted la lección? — Sí; la sé.

¿No sabemos nosotros la lección? — Sí; ustedes la saben.

¿No saben ustedes la lección? — Sí; la sabemos.

18. FRASES ÚTILES

¿Cuántos . . . . tiene usted?	Escriba usted . . . .
No tengo	Borre usted.
¿Sabe usted?	¿Quién tiene un (una) . . . .?
No sé.	Levántese usted.
¿Quién sabe? ·	Siéntese usted.

Las seis vacas del señor Varela

19. EJERCICIO

A. Escríbanse los plurales de las siguientes palabras, añadiendo la letra *s* a las que terminan en vocal y *es* a las que terminan en consonante:

perro	pequeño	cuál	chico	lección
elefante	mula	caballo	ciudad	ratón
animal	rata	señor	la	alguno
grande	quién	burro	ella	uno

B. ¿Cuáles son los contrarios de las siguientes palabras?

grande   alto   más   sí   entra   sur

C. Complétense los ejercicios siguientes:

1. ¿Sabe usted la lección?
   — No, señor; no la . . . .
2. ¿Quién tiene un caballo?
   — Yo . . . .
3. ¿Cuál es . . . . grande, la oveja o la vaca?
   — La . . . . es . . . .
4. ¿Es la vaca más pequeña . . . . la oveja?
   — No, señor; al contrario, es . . . . grande.
5. ¿Cuántas vacas tiene . . . .?
   — . . . . seis.
6. ¿Tienen ustedes unos animales en el corral?
   — No, señor; no tenemos . . . .

20. CUESTIONARIO

1. ¿Qué nombres de animales sabe usted?
2. ¿Tiene usted un perro?
3. ¿Qué tenemos en el corral?
4. ¿Qué animal es más pequeño que la rata?
5. ¿Cuál es el animal más pequeño de la lección?
6. ¿Qué animales tiene usted?
7. ¿Qué animal es más grande que el caballo?
8. ¿Cuál es el más pequeño de los animales de corral?
9. ¿Sabe usted cuántos gatos tiene María?
10. ¿Quién tiene seis animales en el corral?

LECCIÓN QUINTA

21. CONVERSACIÓN

— ¿Cuántos animales tienen Juan y María?
— Él tiene dos perros y ella tiene tres gatos.
— Dos y tres son cinco; ellos tienen cinco animales.
¿Hay cinco animales en la casa?

El caballo sale del establo

La madre de Juan no permite
a los perros entrar en la casa

— No, señor; no hay más que tres, los tres gatos de María.

— ¿Dónde quedan los perros de Juan?

— Los dos perros de Juan quedan en el establo; la madre de él no los permite entrar en la casa.

— ¿Hay un corral delante (enfrente) del establo?

— Sí, señor; y en el corral hay varios animales.

— ¿Hay un elefante allí (en el corral)?

— No, señor; no hay. El corral no es para elefantes, sino para caballos, vacas, mulas, etcétera.

Hay libros en la
mesa

— ¿Qué hay delante de la clase?

— Hay una mesa.

— ¿Qué hay sobre (en) la mesa?

— Varios libros.

— ¿Cuántos libros hay sobre la mesa?

— Hay once libros.

— María, ponga otro libro allí. ¿Quién pone el otro libro en la mesa?

— María.

— ¿Qué pone ella en la mesa?

— Un libro.

— ¿Dónde lo pone?

— En la mesa.

— ¿Cuántos libros hay en la mesa?

María pone otro libro en
la mesa

— Hay doce.

— Cuente los libros.

— Uno, dos, tres, cuatro, cinco, seis, siete, ocho, nueve, diez, once, doce.

22. LECTURA

El papá de Juan y María tiene dos caballos. Uno de ellos es negro y el otro blanco. El caballo blanco es más grande que el negro.

Juan sabe montar a caballo. Monta el caballo blanco.

Juan y su padre montan a caballo

María no sabe montar a caballo. Ella se queda en casa y juega con el gato que tiene sobre la mesa. María tiene otros dos gatos: uno de ellos es blanco, el otro no es ni blanco ni negro, sino de color gris.

¿Tiene usted un gato?

¿De qué color es el gato de usted?

¿La madre de usted lo permite quedarse en la casa?

¿Sabe usted montar a caballo?

María juega con el gato

23. PRÁCTICA EN EL USO DE LAS FORMAS

Él tiene un libro.　　　Ellos tienen unos libros.
Ella tiene una rosa.　　Ellas tienen unas rosas.

¿Qué tiene él? — Él tiene un libro.
¿Qué tiene ella? — Ella tiene una rosa.
¿Qué tienen ellos? — Ellos tienen unos libros.
¿Qué tienen ellas? — Ellas tienen unas rosas.

Él no tiene ninguna rosa.   Ellos no tienen ninguna rosa.

Ella no tiene ningún libro.   Ellas no tienen ningún libro.

¿No tiene él un libro? — Sí; tiene uno.
¿No tiene ella una rosa? — Sí; tiene una.
¿No tienen ellos unos libros? — Sí; tienen algunos.
¿No tienen ellas unas rosas? — Sí; tienen algunas.
¿No tiene él una rosa? — No; no tiene ninguna.
¿No tiene ella un libro? — No, no tiene ninguno.
¿No tienen ellos unas rosas? — No; no tienen ninguna.
¿No tienen ellas unos libros? — No; no tienen ninguno.

Él no sabe la lección.   Ellos no saben la lección.
Ella sabe la lección.   Ellas saben la lección.

¿Sabe él la lección? — No; no la sabe.
¿No sabe María la lección? — Sí; la sabe.
¿Quién sabe la lección? — Yo la sé, señor.
¿Saben la lección María y Juan? — Ella sí; pero él no.

Hay un libro en la mesa.
Hay dos personas delante de la casa.
¿Cuántos libros hay en la mesa? — Hay uno.
¿Cuántas personas hay delante de la casa? — Hay dos.
¿Hay un libro en la mesa? — Sí, señor; hay uno.
¿No hay perros en la casa? — No, señor; no hay.

24. EJERCICIO

A. Úsese *los* o *las* con los plurales de las siguientes palabras:

oveja	perro	persona	vaca
ratón	casa	lección	libro

B. Empléese *unos* o *unas* con los plurales de las siguientes voces:

| persona | perro | casa | libro |
| vaca | ratón | color | oveja |

C. Hágase una lista de las palabras que se escriben con acento gráfico en las cinco lecciones ya estudiadas.

D. Háganse preguntas sobre la Lectura; por ejemplo, *¿Quién tiene dos caballos?*

25. COMPOSICIÓN

1. JUAN Y LOS CABALLOS.
2. MI GATO.

LECCIÓN SEXTA

26. CONVERSACIÓN·

— El señor Varela es el padre de Antonio. ¿Quién es la madre de él?

— La señora de Varela.

— La señora es la esposa del señor Varela. ¿Quién es el esposo o marido de ella?

— El señor Varela.

— Antonio es hijo de ellos. ¿Qué otros hijos tienen?

— Juan y Luis.

— ¿Y qué hijas tienen?

— María y Anita.

— Miguel, ¿tiene usted un hermano?

— Sí, señor; tengo dos; tengo una hermana también.

Una familia. El hombre es el marido; la mujer es la esposa; los
niños son hijos de ellos

— Profesor, ¿qué significa *también?*

— Significa *en adición*. Miguel tiene dos hermanos y en adición tiene una hermana. ¿Entiende
usted?

— Sí, señor; muchas gracias.

— ¿Cómo se llama usted?

— Me llamo Manuel.

— Manuel, ¿tiene usted hermanos?

— No, señor; no tengo ninguno.

— ¿Ni hermanas?

— Tampoco. Ni tengo madre ni padre. Soy
huérfano.

— Haga el favor de explicar la palabra *tampoco*.

— Con mucho gusto; *tampoco* es lo contrario de
también.

— ¿Con quién vive usted, Felipe?

— Vivo con mi tío y mi tía.

— ¿Quién es el tío de usted?

—Es el padre de Antonio. El señor Varela es el hermano de mi madre.

—¡Ah! ¿usted es sobrino del señor Varela?

—Sí, señor; soy sobrino de él.

—Entonces Antonio es primo hermano de usted.

—Sí, señor; somos primos hermanos.

El hombre es el hermano del padre de Antonio; es el tío de Antonio; la muchacha es hija del hombre; es la prima de Antonio

—¿Cuántos primos tiene usted?

—Tengo más de diez.

—¿Y cuántas primas?

—Primas no tengo más que tres: Dolores, Anita y María.

—¿Son pequeños los primos de usted?

—No todos; tengo dos primos grandes: Enrique, que es hombre casado y con hijos, y Dolores, una mujer, también casada, pero sin hijos.

27. PRÁCTICA EN EL USO DE LAS FORMAS

Yo soy americano.	Nosotros somos americanos.
Usted es francés.	Ustedes son franceses.
Él es español.	Ellos son españoles.
Ella es española.	Ellas son españolas.

¿Qué soy yo? — Usted **es** americano.
¿Qué **es** usted? — Yo **soy** francés.
¿Qué **es** él? — Él **es** español.
¿Qué **es** ella? — Ella **es** española.
¿Qué **somos** nosotros? — Ustedes son americanos.
¿Qué **son** ellos? — Ellos **son** españoles.
¿Qué **son** ellas? — Ellas **son** españolas.

Yo no **soy** alemán.	Nosotros no **somos** alemanes.
Usted no **es** inglés.	Ustedes no son ingleses.
Él no **es** mejicano.	Ellos no **son** mejicanos.
Ella no **es** italiana.	Ellas no son italianas.

Hay **más de** cinco discípulos en la clase.
No hay **más que** siete personas en la clase.
La clase tiene **menos de** diez discípulos.
No hay **menos que** siete personas en la clase.
¿Cuántas personas hay en la clase? — Hay siete.

28. FRASES ÚTILES

¿Entiende usted?	Tengo más de diez . . . .
No entiendo.	No tengo más que tres . . . .
¿Qué significa . . . .?	No se sabe quién es.

Yo sé la lección. — Yo también.
No tengo ni un centavo. — Ni yo tampoco.
Haga el favor de explicar . . . . — Con mucho gusto.
Muchas gracias.

29. EJERCICIO

A. Fórmense cinco oraciones completando el siguiente ejercicio con las palabras omitidas:

. . . . es más . . . . que . . . .

B. Cinco más completando el siguiente:

. . . . es menos . . . . que . . . .

C. Cinco más completando el siguiente:

.... son más de ....

D. ¿Cuáles son los números que sumados dan:

diez   seis   nueve   siete   ocho

E. Complétense los ejercicios siguientes:

1. Yo tengo un hermano, ¿.... usted tiene uno? — Sí, señor; yo .... tengo uno.

2. Yo no tengo hermanas; ¿y usted? — Yo ....

3. ¿.... usted la lección? — Sí, señor; la entiendo.

4. ¿.... hermanas? — No, señor; usted .... tiene hermanas.

5. ¿Quién .... la lección? — Yo la sé, señor.

6. ¿No tiene usted ningún primo casado? — No, señor; no ....

30. CUESTIONARIO

1. ¿Cuántos números sabe usted? ¿cuáles son?

2. Usted sabe contar de uno a diez; ¿y María?

3. El perro no sabe contar; ¿y el gato?

4. ¿Qué número es más de tres y menos de cinco?

5. ¿Quién es el tío de Felipe?

6. ¿Entiende usted la lección?

7. ¿Cuál es la parte que usted no entiende?

8. ¿Quién es el sobrino de los padres de Antonio?

9. ¿Es usted francés?

10. ¿Qué soy yo?

11. ¿Cuántos primos casados tiene Felipe?

12. ¿Es casada su prima Dolores?

13. ¿Cuántas personas hay en la familia Varela? ¿quiénes son?

El despacho del señor Varela

LECCIÓN SÉPTIMA

31. LECTURA

Antonio vive en Nueva York. El padre de Antonio es comerciante y comisionista. Tiene su oficina o despacho en la calle Pine y hace gran negocio en productos de Méjico y de la América Central, tales como el café, la vainilla y el cacao, del cual se hace el chocolate.

La familia vive en la avenida Mádison. Enfrente de la casa pasa un tranvía eléctrico que Antonio toma todas las mañanas para ir a la escuela y todas las tardes para volver a casa.

Al subir al tranvía Antonio le paga cinco centavos al conductor. Al llegar el tranvía

Antonio sube al tranvía

a la escuela Antonio se baja, entra en el edificio y va a la sala de la clase de español.

Son las nueve, y la clase va a comenzar. A las tres de la tarde las clases terminan y Antonio vuelve a casa.

32. PRÁCTICA EN EL USO DE LAS FORMAS

El buque va a Valparaíso.

¿Qué va a Valparaíso? — El buque.

¿Adónde va el buque? — A Valparaíso.

¿Dónde está Valparaíso? — Está en Chile, en la costa occidental de la América del Sur.

El vapor viene de Barcelona.

¿Qué viene de Barcelona? — El vapor.

¿De dónde viene el vapor? — De Barcelona.

¿Dónde está Barcelona? — Está en la costa oriental de España.

Antonio vuelve de la escuela.

¿Quién vuelve? — Antonio.

¿De dónde? — De la escuela.

¿Qué hace Antonio? — Vuelve de la escuela.

¿A qué hora vuelve? — A las tres.

¿Qué hora es?   ¿Qué hora es?
—Son las nueve   —Son las tres

Mi caballo es blanco; el de usted es negro.

¿De quién es el caballo blanco? — Es de usted (es suyo).

¿De quién es el caballo negro? — Es mío.

¿Qué caballo es blanco? — El de usted (el suyo).

¿Qué caballo es negro? — El mío.

Mi casa es blanca; la de usted es amarilla.

¿De quién es la casa blanca? — Es de usted (es suya).

¿De quién es la casa amarilla? — Es mía.

¿Qué casa es blanca? — La de usted (la suya).

¿Qué casa es amarilla? — La mía.

Mis caballos son blancos; los de usted son negros.

¿De quién son los caballos blancos? — Son de usted (son suyos).

¿De quién son los caballos negros? — Son míos.

¿Qué caballos son blancos? — Los de usted (los suyos).

¿Qué caballos son negros? — Los míos.

Mis casas son blancas; las de usted son amarillas.

¿De quién son las casas blancas? — Son de usted (son suyas).

¿De quién son las casas amarillas? — Son mías.

¿Qué casas son blancas? — Las de usted (las suyas).

El limón, una fruta de color amarillo

¿Qué casas son amarillas? — Las mías.

33. EJERCICIO

Háganse cuatro preguntas, con sus contestaciones respectivas, sobre cada una de las siguientes oraciones:

1. Nuestro caballo es blanco; el de ustedes es negro.
2. Nuestra casa es blanca; la de ustedes es amarilla.
3. Nuestros caballos son blancos; los de ustedes son negros.
4. Nuestras casas son blancas; las de ustedes son amarillas.

34. CUESTIONARIO

El alumno debe completar las preguntas siguientes
y contestarlas:

1. ¿En qué . . . . . . vive Antonio?
2. ¿Qué negocio tiene . . . . . .?
3. ¿Dónde vive . . . . . .?
4. ¿Qué pasa . . . . . .?
5. ¿Cómo va Antonio a . . . . . .?
6. ¿Dónde toma Antonio . . . . . .?
7. ¿A qué hora va . . . . . .?
8. ¿A qué hora vuelve . . . . . .?
9. ¿Cuáles son los productos . . . . . .?
10. ¿A qué clase . . . . . .?
11. ¿Cuántos discípulos . . . . . .?
12. ¿Cuántas . . . . . .?
13. ¿Qué . . . . . .?
14. ¿Cuál . . . . . .?
15. ¿Cuáles . . . . . .?
16. ¿Quién . . . . . .?
17. ¿Quiénes . . . . . .?
18. ¿Dónde . . . . . .?
19. ¿De dónde . . . . . .?
20. ¿Adónde . . . . . .?
21. ¿Está Barcelona en la costa . . . . . .?
22. ¿Está Valparaíso en la costa . . . . . .?

35. COMPOSICIÓN

1. MI CASA.
2. CÓMO VAMOS A LA ESCUELA.

LECCIÓN OCTAVA

36. CONVERSACIÓN

— Las vacas están detrás de la casa. ¿Dónde están los caballos?

— Están también allí.

— ¿Dónde está el gato?

— Está en la casa.

— ¿Y el perro?

— También.

— ¿Para qué sirve la vaca?

— La vaca da leche.

— ¿De qué color es la leche?

— La leche es blanca.

— Encima de la leche hay crema. De la crema se hace la mantequilla. ¿De qué color es la mantequilla?

— Es amarilla.

— ¿Qué fruta es amarilla?

— El limón.

— ¿Qué pájaro es amarillo?

— El canario.

— ¿Dónde está el canario?

— Está en la jaula.

— ¿Qué hace el canario?

— El canario canta.

— Los pájaros grandes son aves. ¿Cuáles son las aves de corral?

Un vaso de leche con crema encima

Dos pájaros

Un nido de pájaro

El canario en la jaula

— Las más importantes son las gallinas.

— ¿Para qué sirven las gallinas?

— Las gallinas ponen huevos.

— ¿Dónde los ponen?

— En el nido.

— ¿Dónde está el nido?

— Está en el corral en una caja.

— ¿De qué color es el huevo?

— Es blanco.

Una gallina

— ¿Cuántos huevos hay en la caja?

— Hay quince.

— Cuéntelos.

— Uno, dos, tres, cuatro, cinco,
seis, siete, ocho, nueve, diez, once,
doce, trece, catorce, quince.

— ¿Cuántos huevos hay en una
docena?

Una caja

— Doce.

— ¿Cuántos hay en una media docena?

— Seis.

— ¿Cuánto vale la docena de huevos?

— Vale veinte (20) centavos.

— ¿Cuánto vale la media docena?

— Vale diez centavos.

— ¿Cuánto vale la mantequilla?

— Vale cincuenta (50) centavos
la libra.

Un nido con quince
huevos

— Es muy cara.

— Pero los huevos son muy baratos.

— Es cierto. ¿Son buenos?

— Sí, señor; son muy frescos.

37. PRÁCTICA EN EL USO DE LAS FORMAS

Yo estoy en la casa.	Nosotros estamos en la casa.
Usted está en la clase.	Ustedes están en la clase.
Él está en la calle.	Ellos están en la calle.

¿Dónde estoy yo? — Usted está en la casa.

¿Dónde está usted? — Yo estoy en la clase.

¿Dónde está él? — Él está en la calle.

¿Dónde estamos nosotros? — Ustedes están en la casa.

¿Dónde están ustedes? — Nosotros estamos en la clase.

¿Dónde están ellos? — Ellos están en la calle.

Yo no estoy en Londres.	Nosotros no estamos en Roma.
Usted no está en París.	Ustedes no están en Méjico.
Él no está en Madrid.	Ellos no están en la Habana.

El señor García está en París.

El señor García es de Madrid.

Pedro es malo

Pedro no es bueno.

Es malo.

Es un mal muchacho.

Juan es pequeño.

Juan está malo (enfermo).

No está bueno.

Juan está malo

El canario es chico, es amarillo y es de Europa.

El canario está en la jaula y está malo.

El duro es de cien (100) centavos.   ¿Cuántos centavos hay en un duro? — Ciento.

Un buen caballo vale cien duros.

¿Qué vale cien duros? — Un buen caballo.

¿Cuánto vale un buen caballo? — Cien duros.

¿Qué caballo vale cien duros? — Uno bueno.

¿Cuántos duros vale un caballo bueno? — Ciento.

¿Es caro un buen caballo en cien duros? — No, señor; al contrario, es barato.

38. FRASES ÚTILES

¿Está en casa el señor Martínez?   ¿Dónde está .....?

¿De qué color es .....?   ¿De dónde es .....?

· ¿Para qué?   ¿Adónde va .....?

¿Para qué sirve .....?   ¿De dónde viene?

¿Cuánto vale?   Es cierto.

Es muy caro.   Es muy barato.

¿Cómo está usted? { —Estoy bueno (buena).
                   { —Estoy malo (mala).

¿Cómo están ustedes? { —Estamos buenos (buenas).
                     { —Estamos malos (malas).

39. EJERCICIO

A. Complétense las siguientes oraciones con adjetivos:

1. El canario es ....   3. El huevo es ....
2. La leche es ....   4. La mantequilla es ....

B. Escríbanse los plurales de:

cuánto   quién   cuál   es   soy   sé
mi   su   mía   suya   caro   grande

C. ¿Cuáles son los contrarios de las siguientes palabras?

bueno   caro   delante   blanco   va

D. Complétense las siguientes:

1. ¿Dónde .... los muchachos? — .... en casa.
2. ¿Dónde .... usted? — .... en la clase de español.
3. ¿.... usted en Europa? — No, señor; .... en América.
4. ¿.... yo en Berlín? — No, señor; usted .... en ....
5. ¿De dónde .... usted? — .... de Nueva York.
6. ¿Es barata .... mantequilla? — No, señor; la .... es ....
7. ¿Para .... sirve la vaca? — La vaca .... leche.
8. El .... caballo vale .... duros. ¿Cuántos duros .... el caballo? — ....
9. ¿.... está el canario? — .... en la jaula.
10. ¿Para qué .... la gallina? — La gallina .... huevos.

40. CUESTIONARIO

1. ¿Dónde están los caballos?
2. ¿Qué es lo que da la vaca?
3. ¿Es amarilla la leche?
4. ¿Qué se hace de la crema?
5. ¿Qué fruta es de color amarillo?
6. ¿Qué pájaro es amarillo?
7. ¿Cuál de las aves de corral es la más importante?
8. ¿Qué hay en la caja?
9. ¿Dónde está la crema?
10. ¿Para qué sirve el canario?

LECCIÓN NOVENA

41. CONVERSACIÓN

— El negocio consiste en comprar y vender mercancías. ¿Quién vende las mercancías?

— El comerciante.

— ¿Quién las compra?

— El cliente.

— ¿Con qué paga el cliente el valor de la mercancía?

— Con dinero.

— ¿Cómo se llama la casa donde se venden mercancías?

El comerciante vende; el cliente compra

— Se llama tienda.

— ¿Quién es el dueño de la tienda?

Dinero

— El comerciante.

— ¿Quiénes son las personas que le ayudan al comerciante en la venta de las mercancías?

— Son los dependientes.

— ¿Vende el comerciante a crédito o al contado?

— De ambos modos.

— Los huevos le cuestan al comerciante quince centavos la docena y los vende a veinte; ¿cuánto gana en la docena?

— Cinco centavos.

— Si le cuestan quince centavos y los vende en
trece, ¿cuánto pierde en la docena?

— Dos centavos.

— Sí; en un caso la ganancia es de cinco centavos
y en el otro la pérdida es de dos centavos.

— ¿Qué significa vender a precios fijos?

— Vender a precios fijos es vender sin rebajar
nada en los precios. ¿Entiende usted?

— Todavía no.

— El comerciante que vende a precios fijos es el
que no hace ningún descuento o rebaja de sus precios; los precios fijos no son variables, no suben ni
bajan, son iguales para todo el mundo. ¿Entiende
usted ahora?

— Ya entiendo, profesor; gracias.

42. PRÁCTICA EN EL USO DE LAS FORMAS

Los dependientes le ayudan al comerciante.

¿A quién le ayudan los dependientes?
— Al comerciante.
¿Quiénes son las personas que le ayudan?
— Los dependientes.
¿Qué hacen los dependientes con el comerciante?
— Le ayudan.

El ave es blanca.
Las aves son blancas.
El agua es pura.
Las aguas son puras.
Un ave es blanca; la otra es amarilla.
Unas aves son blancas; las otras son amarillas.

El ratón es un animalito.
El canario es un pajarillo (o pajarito) amarillo.
El elefante es grandote; es un animalón.

¿Qué hay en la mesa?
— No hay nada allí.
¿No hay algún libro allí?
— No; no hay ninguno (no hay libro alguno).

No hay nada en la mesa

43. FRASES ÚTILES

¿Cuánto vale ......?	Ayúdeme usted.
¿Cuánto valen ......?	Haga el favor de ayudarme.
¿Para qué sirve ......?	¿Cuánto cuesta ......?
No sirve para nada.	¿Dónde se compra ......?

44. EJERCICIO

A. Substracción rápida:

15 menos 8	14 menos 5	11 menos 4
13 menos 9	12 menos 7	10 menos 6

B. Háganse todas las preguntas posibles sobre las siguientes oraciones:

1. El cliente compra mercancía al comerciante.
2. El dependiente vende las mercancías al cliente.

C. Dése apropiada colocación en la frase a las siguientes palabras:

Valor, el, paga, la, dinero, cliente, mercancía, con, el, de.

D. Complétense las siguientes frases:

1. ¿Cuánto .... los limones? — .... quince centavos la docena.

2. ¿Dónde .... María? — .... en la clase.

3. ¿Qué .... en la mesa? — No .... allí.

4. ¿Ya entiende Juan lo que significa precios ....?
— Todavía ...

5. ¿No me .... usted alguna rebaja? — No, señor; los .... son fijos.

45. CUESTIONARIO

1. ¿Dónde está el gato?

2. ¿Cuánto valen los huevos?

3. ¿Qué clase de ave es la gallina?

4. ¿Quiénes están en la clase?

5. ¿Dónde está usted?

6. ¿Cuánto gana el comerciante al vender en veinte centavos huevos que le cuestan quince?

7. ¿Qué hay encima de la leche?

8. ¿Hay tiendas en esta calle?

9. De los dos hermanos Antonio y Luis, ¿cuál es un muchachito?

10. Si usted compra un libro por un duro y lo vende en dos, ¿cuánta es la ganancia?

11. Si el padre de Juan vende en cien duros un caballo que le cuesta doscientos, ¿cuánta es la pérdida?

12. La mantequilla cuesta cincuenta centavos la libra; ¿gana o pierde el comerciante al vender media libra por veinte centavos? ¿cuánto?

LECCIÓN DÉCIMA

46. CONVERSACIÓN

— ¿Está el corral delante de la casa?

— No, señor; al contrario, está detrás de ella.

— ¿Qué hay alrededor del corral?

— Alrededor del corral hay una cerca de alambre. También hay una cerca alrededor de la casa.

Una cerca de alambre

— ¿Quién está delante de la casa?

— Anita está allí con una de las criadas.

— ¿Juega Anita con el perro?

— No, señor; Anita le tiene miedo al perro.

— ¿Tiene usted miedo a los perros?

— Solamente a los perros bravos les tengo miedo.

Anita le tiene miedo al perro

— Los ratones huyen del gato. El gato corre tras los ratones. ¿Por qué corren los ratones?

— Corren porque le tienen miedo al gato.

Un perro bravo

— ¿Para qué sirve el gato?

— Para coger ratones.

— ¿No hay otro modo de cogerlos?

— Sí; se cogen con trampas.

Una trampa para coger ratones

— ¿Cómo se cogen las ratas?

— Las ratas también se cogen con trampas.

— ¿A cómo se venden las trampas?

— A veinticinco centavos cada una.

— ¿Sabe usted contar desde quince hasta veinticinco?

— Sí, señor; quince, dieciséis, diecisiete, dieciocho, diecinueve, veinte, veintiuno, veintidós, veintitrés, veinticuatro, veinticinco.

47. LECTURA

María tiene una canasta.

Su gato negro está en la canasta.

¡Ah! aquí viene el perro de Juan.

El gato está dormido y no sabe que el perro está aquí.

Se despierta y huye del perro porque le tiene miedo.

¡Corre! ¡corre, gatito, que te coge el perro!

48. PRÁCTICA EN EL USO DE LAS FORMAS

La cerca está alrededor del corral.

El corral está detrás de la casa.

La familia está dentro de la casa.

Hay una cerca alrededor del corral.

Hay un corral detrás de la casa.

Hay una familia dentro de la casa.

Hay postes en la cerca.
Hay alambre de poste a poste.

¿Qué hay en la trampa?

— Hay ratas allí.

¿Cuántas ratas hay en la trampa?

Ratas en la trampa

— Hay cinco.

¿Les tiene miedo usted?

— No les tengo miedo a las ratas en trampa.

Yo no les tengo miedo a los perros; ¿y usted?

— Yo tampoco.

¿Quién les tiene miedo?

— Anita.

¿Dónde tienen que quedarse los perros?

— Tienen que quedarse en el establo.

¿Tiene usted que quedarse en la casa?

— No; no tengo que quedarme en casa; tengo permiso para salir a jugar con Juan.

¿Qué coge el gato?

— Coge ratones.

¿Qué hace el gatito?

— Corre tras el ratoncito y coge el animalito.

¿No coge ratones el perro?

— Sí; y ratas también.

Anita le tiene miedo al ratón.

¿Quién le tiene miedo al ratón? — Anita.

¿A qué tiene miedo? — Al ratón.

¿Qué siente Anita? — Miedo.

Yo les tengo miedo a los perros bravos.

¿Quién les tiene miedo a los perros bravos? — Usted.

¿A qué tengo miedo? — A los perros bravos.

¿Qué siento yo? — Miedo.

49. EJERCICIO

A. ¿Cuántos son:

9 − 7	9 − 5	6 − 2	8 − 5	9 − 3
8 − 3	7 − 4	10 − 3	7 − 0	6 − 1

B. ¿Cuáles son los números que suman:

15	13	14	6	7	12	16	18
10	11	4	8	5	9	20	17

C. Háganse preguntas y las apropiadas contestaciones sobre la siguiente oración:

Les tenemos horror a las culebras.

D. Dése apropiada colocación en la frase:

1. Sabe, el, no, está, y, allí, que, está, el, dormido, perro, gato.
2. Perro, tiene, le, Anita, al, miedo.

E. Complétense las siguientes oraciones:

1. Hay un libro . . . . la mesa.
2. Hay crema . . . . de la leche.
3. Hay un canario . . . . la jaula.
4. Hay una calle . . . . de la casa.
5. Hay un corral . . . . de la casa.
6. Hay una cerca . . . . del corral.
7. Hay alambre . . . . poste . . . . poste.
8. Hay una familia . . . . de la casa.
9. No hay ratones . . . . la trampa.
10. ¿Qué hay . . . . de la casa?

Una culebra

50. COMPOSICIÓN

1. ANITA Y EL PERRO.
2. MARÍA Y SUS GATOS.

La sala de clase

LECCIÓN UNDÉCIMA

51. LECTURA

Son las nueve en punto.
Ya está para comenzar la clase.
La sala tiene cuatro paredes.
Tiene un cielo raso y un suelo.
Tiene dos puertas y cuatro ventanas.
Tiene una mesa de escribir para el profesor y
muchos bancos para los
alumnos.

Alrededor del cuarto
hay un pizarrón.

— Miguel, ¿me hace
usted el favor de abrir
la ventana?

— Sí, señor; con mucho
gusto.

Luis cierra la
puerta

Miguel abre
la ventana

— Luis, hágame usted el favor de cerrar la puerta.

— Con gusto, profesor.

— Gracias, muchachos.

— No hay de qué.

Miguel abre la ventana.

Luis cierra la puerta.

La ventana está abierta.

La puerta está cerrada.

La ventana está abierta   La puerta está cerrada

52. PRÁCTICA EN EL USO DE LAS FORMAS

Juan tiene el libro en la mano.

¿Quién tiene el libro? — Juan.

¿Dónde lo tiene? — En la mano.

¿Qué tiene en la mano? — El libro.

¿Tengo yo el libro? — No, señor; usted no lo tiene.

¿Lo tiene usted? — No, señor; no lo tengo yo.

¿Quién lo tiene pues? — Juan.

María tiene la pluma en la mano.

¿Quién tiene la pluma? — María.

¿Dónde la tiene? — En la mano.

¿Qué tiene en la mano? — La pluma.

¿Tengo yo la pluma? — No, señor; usted no la tiene.

¿La tiene usted? — No, señor; no la tengo yo.

¿Quién la tiene pues? — María.

Juan tiene dos libros en la mano.

¿Quién tiene los libros? — Juan.

¿Dónde los tiene? — En la mano.

¿Qué tiene en la mano? — Los libros.

¿Tengo yo los libros? — No, señor; usted no **los** tiene.
¿**Los** tiene usted? — No, señor; no **los** tengo yo.
¿Quién **los** tiene pues? — Juan.

María tiene dos plumas en la mano.

¿Quién tiene las plumas? — María.
¿Dónde **las** tiene? — En la mano.
¿Qué tiene en la mano? — Las plumas.
¿Tengo yo las plumas? — No, señor; usted
no **las** tiene.
¿**Las** tiene usted? — No, señor; no **las** tengo yo.
¿Quién **las** tiene pues? — María.

Miguel abre la ventana.

¿Qué hace Miguel? — Abre la ventana.
¿Qué hace Miguel con la ventana? — **La** abre.
¿Qué abre Miguel? — La ventana.
¿Quién **la** abre? — Miguel.
¿Cómo está la ventana? — Está abierta.

Luis cierra la puerta.

¿Qué hace Luis? — Cierra la puerta.
¿Qué hace Luis con la puerta? — **La** cierra.
¿Qué cierra Luis? — La puerta.
¿Quién **la** cierra? — Luis.
¿Cómo está la puerta? — Está cerrada.

Yo cierro la puerta y abro la ventana.

¿Qué hago con la puerta? — **La** cierra usted.
¿Qué hago con la ventana? — **La** abre usted.
¿Usted cierra la puerta? — No, señor; no **lo** hago yo.
¿Quién **lo** hace? — Usted.
¿Quién abre la ventana? — Usted **lo** hace.

53. LECTURA

El Tiempo

El año se divide en meses. Los meses son doce. Los meses del año son:

enero	abril	julio	octubre
febrero	mayo	agosto	noviembre
marzo	junio	septiembre	diciembre

54. FRASES ÚTILES

Haga el favor de ir al pizarrón.
Hagan el favor de ir a casa.

Asientos para seis personas

Váyase al pizarrón.
Váyanse a casa.

Sírvase volver a su asiento.
Sírvanse volver a la sala de clase.

Un libro abierto

Vuélvase a su asiento.
Vuélvanse a la sala de clase.

Hágame el favor de cerrar la puerta.
Háganme el favor de abrir las ventanas.

Sírvanse cerrar los libros.
Sírvase prestar atención.

Un libro cerrado

55. EJERCICIO

A. Háganse todas las preguntas posibles referentes al caballo que está delante de la casa.

B. Háganse ejercicios sobre las siguientes oraciones:

1. Manuel tiene el libro en su mesa.
2. Dolores tiene la pluma en su casa.

C. Cámbiense las siguientes oraciones en preguntas y luego en oraciones negativas:

1. María le da el libro a Juan.
2. La niña le tiene miedo al perro.
3. Juan abre su libro.
4. Luis va a la escuela.
5. Yo lo hago.

D. Dése apropiada colocación en la frase:

1. Para, mesa, del, la, escribir, sirve, profesor.
2. Atención, yo, presto, cierro, libro, y, mi.

56. CUESTIONARIO

Complétense y contéstense las siguientes preguntas:

1. ¿Qué hora . . . . . .?
2. ¿Cuándo va a comenzar . . . . . .?
3. ¿Cuántas paredes . . . . . .?
4. ¿Cuántas puertas y cuántas ventanas . . . . . .?·
5. ¿Qué tiene . . . . . .?
6. ¿Qué hay alrededor . . . . . .?
7. ¿Quién abre . . . . . .?
8. ¿Quién la . . . . . .?
9. ¿Están abiertas . . . . . .?
10. ¿Están . . . . . .?

57. COMPOSICIÓN

Escríbase un diálogo entre el profesor y los alumnos Antonio y Luis, empleando los verbos *abrir* y *cerrar*.

LECCIÓN DUODÉCIMA

58. CONVERSACIÓN .

A la hora de salida de la escuela:

Luis. ¿Adónde vas, Antonio?

Antonio. Voy a dar un paseo por el parque Central.

Luis. ¿Me permites acompañarte?

Antonio. Con mucho gusto. Vámonos pues.

Luis. ¿Cómo iremos?

Antonio. Tomaremos un tranvía; aquí viene uno.

Luis. ¿Tienes dinero? Yo no tengo más que diez centavos.

Antonio. Yo tengo bastante para los dos.

Luis. Eres muy generoso. Si me prestas unos centavos, estoy bien.

Antonio. Lo que tú quieras; toma.

Luis. Gracias. ¿Qué haces todas las tardes? A las tres y media en punto sales tú corriendo..

Antonio. Por orden del médico doy un paseo todos los días.

Luis. ¿Estás malo?

Antonio. No malo, pero delicado de salud.

Luis. ¿Sabes montar a caballo?

Antonio. Sí; y me gusta, pero no tengo caballo; ¿tienes tú uno?

Luis. Sí; nosotros tenemos dos; te convido a un paseo a caballo para mañana por la tarde.

Antonio. Y yo acepto; gracias.

Luis. No hay de qué.

59. PRÁCTICA EN EL USO DE LAS FORMAS

Yo **doy** un lápiz. (33)	Nosotros **damos** lápices.
Usted **da** una pluma.	Ustedes **dan** plumas.
Él **da** una orden.	Ellos **dan** órdenes.
Dé usted una orden.	**Den** ustedes las órdenes.

¿Quién da el lápiz? — Usted lo da.
¿Quién da la pluma? — Yo la doy.
¿Quién da la orden? — Él la da.
¿Quiénes dan los lápices? — Ustedes los dan.
¿Quiénes dan las plumas? — Nosotros las damos.
¿Quiénes dan las órdenes? — Ellos las dan.

Le doy un lápiz a usted.
Les doy lápices a ustedes.
Le doy a él un libro.
Les doy a ellos unos libros.
Usted **me** da una pluma.
Usted **nos** da plumas.

Un lápiz

Le damos un lápiz a usted.
Les damos lápices a ustedes.
Le damos a ella un libro.
Les damos a ellas unos libros.
Ustedes **me** dan una pluma.
Ustedes **nos** dan plumas.

Muchos lápices

El comerciante vende mercancía al cliente.

¿Qué hace el comerciante? — Vende.
¿Qué vende? — Mercancía.
¿A quién vende la mercancía? — Al cliente.
¿Quién vende la mercancía al cliente? — El comerciante.

El cliente compra mercancía al comerciante.

¿Qué hace el cliente? — Compra.

¿Qué compra? — Mercancía.

¿A quién compra la mercancía? — Al comerciante.

¿Quién compra la mercancía al comerciante? — El cliente.

60. LECTURA

EL TIEMPO

— La semana tiene siete días.   ¿Sabe usted los nombres de los días?

— Los días de la semana son:

lunes	miércoles	viernes	domingo
martes	jueves	sábado	

— ¿Tienen ustedes clase todos los días?

— No, señor; tenemos clase desde el lunes hasta el viernes.   El sábado y el domingo no tenemos clase.

61. FRASES ÚTILES

Hágame el favor de darme un vaso de leche.

Sírvase darme un vaso de agua.

¿Tiene usted un (una) ....?

¿Me hace usted el favor de prestarme ....?

¿Quién lo (la) tiene?

Gracias. — No hay de qué.

62. EJERCICIO

A. Dése apropiada colocación en la frase a las siguientes palabras:

1. Centavos, Luis, más, no, que, tiene, diez.
2. Dos, dinero, Antonio, los, tiene, para, bastante.

3. ¿Tardes, hace, todas, qué, Antonio, las?
4. Convida, a, le, un, Luis, paseo, Antonio, a.

B. Colóquese el verbo en las siguientes oraciones:

1. Yo .... americano.
2. Nosotros .... americanos.
3. Usted .... cubano.
4. Ellas .... españolas.

C. Complétense las siguientes oraciones:

1. ¿Quién .... mi lápiz? — Yo lo ....
2. ¿Quién .... la pluma de usted? — María la ....
3. ¿Quiénes .... en la clase? — Nosotros .... en la clase.
4. ¿Quiénes .... el paseo? — Luis y Antonio lo ....

D. ¿Cuáles son los días que se escriben con acento gráfico? ¿Cuáles comienzan con letra pequeña?

E. ¿Cuáles son los meses que se escriben con letra pequeña?

F. Léanse los siguientes números:

20	17	8	12	25	11
7	10	22	9	16	13
15	23	14	18	21	19

63. CUESTIONARIO

1. ¿Adónde va Antonio?
2. ¿Quién pide permiso para acompañarle?
3. ¿Cuánto dinero tiene Luis?
4. ¿A quién le pide dinero prestado?
5. ¿Van al parque por tranvía o en automóvil?
6. ¿Por qué toma Antonio un paseo?
7. ¿Con qué frecuencia toma el paseo?
8. ¿Quién le convida a un paseo a caballo?
9. ¿Para cuándo le convida?
10. ¿De quién son los caballos?

LECCIÓN DÉCIMOTERCIA

64. CONVERSACIÓN

—La República Argentina es un país de la América del Sur. El presidente vive en Buenos Aires. ¿Qué es Buenos Aires?

— Es la capital de la República Argentina.

— Vivo en la calle Mayor, número quince. Señorita, ¿dónde vive usted?

— Yo también vivo en la calle Mayor, esquina a la Segunda avenida.

— No entiendo. ¿Qué significa *esquina?*

— La esquina es el ángulo que forman dos calles.

— ¿Dónde viven los animales?

— Hay animales que viven en la tierra, otros que viven en el aire y otros en el agua.

— ¿Cuáles son los animales que viven en el aire?

— Las aves.

— ¿Cuáles viven en el agua?

— Los peces.

Un pez

— Las aves están cubiertas de plumas; ¿tienen plumas también los peces?

— No, señor; los peces no tienen plumas.

— ¿De qué están cubiertos los animales de la tierra?

— De pelo.

— ¿Cuál es la parte del animal que tiene pelo?

El pelo

Un pie   Una pata   Un ala   Una pluma

— La piel.

— La piel de una persona es el cutis. ¿Tiene pies la culebra?

— No, señor; no tiene.

— Los pies de los animales se llaman patas. ¿Cuántas patas tiene el caballo?

— Cuatro.

— ¿La gallina también?

— No, señor; la gallina tiene únicamente

Una piel

dos patas; en lugar de las otras dos tiene dos alas.

— ¿Cuántas alas tiene la vaca?

— Ninguna; las vacas no tienen alas; únicamente las aves las tienen.

— ¿Para qué sirven las alas?

— Les sirven a las aves para volar.

El pájaro vuela   El muchacho nada   La culebra se arrastra

— ¿Vuelan las aves en el agua? (**13**, *mover*)

— No, señor; vuelan en el aire.

— El ave vuela en el aire, el pez nada en el agua, y los otros animales andan sobre la tierra, a excepción de la culebra, que no tiene patas y se arrastra.

65. PRÁCTICA EN EL USO DE LAS FORMAS

Yo vivo en Roma. (5)   Nosotros vivimos en Madrid.
Usted vive en Viena.   Ustedes viven en París.
Él vive en Londres.   Ellos viven en Berlín.

¿Dónde vivo yo? — Usted vive en Roma.
¿Dónde vive usted? — Yo vivo en Viena.
¿Dónde vive él? — Él vive en Londres.
¿Dónde vivimos nosotros? — Ustedes viven en Madrid.
¿Dónde viven ustedes? — Nosotros vivimos en París.
¿Dónde viven ellos? — Ellos viven en Berlín.

Juan corre; María y Antonio andan

Yo ando con usted. (29)   Nosotros andamos con ellos.
Usted anda conmigo.   Ustedes andan con él.
Él anda con ella.   Ellos andan con nosotros.

¿Con quién ando? — Usted anda conmigo.
¿Con quién anda usted? — Ando con usted.
¿Con quién anda él? — Anda con ella.
¿Con quiénes andamos? — Ustedes andan con ellos.
¿Con quién andan ustedes? — Andamos con él.
¿Con quiénes andan ellos? — Andan con nosotros.

Le doy un libro a usted. (33)

¿Que le doy a usted? — Usted **me** da *el libro.*
¿A quién **le** doy *el libro?* — Usted **me** *lo* da a mí.

Le doy un lápiz a usted.

¿Quién le da *el lápiz* a usted? — Usted.
¿Qué **le** doy a usted? — *El lápiz.*
¿A quién **le** doy *el lápiz?* — A mí.
¿Se *lo* doy a Juan? — No, señor; no se *lo* da a él.
¿Se *lo* doy a Pedro? — Tampoco se *lo* da a él.
¿A quién se *lo* doy pues? — **Me** *lo* da a mí.

Le doy una pluma a usted.

¿Quién le da *la pluma* a usted? — Usted.
¿Qué **le** doy a usted? — *La pluma.*
¿A quién **le** doy *la pluma?* — A mí.
¿Se *la* doy a Juan? — No, señor; no se *la* da a él.
¿Se *la* doy a Pedro? — Tampoco se *la* da a él.
¿A quién se *la* doy pues? — **Me** *la* da a mí.

66. FRASES ÚTILES

¿Dónde vive usted?
— En la calle . . . . número . . . . tiene usted su casa.
¡Ande! ¡ande! (Para que se mueva rápidamente.)
¡Viva . . . .! (Con nombre de una persona.)
¡Que viva usted muchos años!

67. EJERCICIO

A. Ejercicio de adición rápida:

2 y 3	6 y 7	5 y 4	9 y 4
7 y 5	4 y 7	3 y 8	13 y 12
9 y 5	8 y 5	4 y 8	6 y 5

B. Ejercicio en substracción:

15 menos 9	14 — 5	11 — 4
13 — 4	12 — 7	15 — 6
11 — 6	10 — 3	13 — 7
10 — 6	14 — 3	12 — 5

C. Cámbiense en forma negativa las siguientes oraciones:

1. Le doy el lápiz a usted.
2. Las vacas tienen alas.
3. ¿Tiene usted el libro?
4. ¿Usted me da un lápiz?

D. Complétense las siguientes oraciones:

1. El pez vive en . . . .
2. El ave vive en . . . .
3. El caballo tiene . . . .
4. La . . . . tiene dos patas.
5. Las . . . . tienen alas.
6. El ave tiene . . . .
7. . . . . nadan.
8. . . . . vuelan.
9. . . . . andan.
10. La culebra se . . . .

68. CUESTIONARIO

1. ¿Cuáles son los animales que tienen pelo?
2. ¿Qué animales tienen plumas?
3. ¿Cuántas patas tiene la culebra?
4. ¿Dónde vive usted?
5. ¿Cuáles son los animales que viven en el agua?
6. ¿Cuál es la parte del animal que está cubierta de pelo?
7. ¿Cuántas patas tiene la vaca?
8. ¿Cuántas alas tiene el canario?

El pez volador

9. ¿Hay peces que vuelan?
10. ¿Qué animal tiene solamente dos patas?

69. COMPOSICIÓN

Hágase una composición empleándose las siguientes y otras palabras:

Juan	puerta	se levanta	vuelve
banco	ventana	su	abre
cierra	va	la	asiento
entonces	de	se sienta	a

LECCIÓN DÉCIMOCUARTA

70. CONVERSACIÓN

— ¿Qué tiene la vaca para defenderse?

— La vaca tiene dos cuernos.

— ¿Cuántos cuernos tiene el caballo?

Los cuernos de la vaca

— Ninguno; el caballo no tiene cuernos.

— Y el cerdo y la oveja, ¿no tienen cuernos?

— Tampoco.

— ¿Qué animales tienen cola?

— La vaca, la mula, el perro y otros muchos animales.

La cola del caballo

— ¿Qué uso dan a la cola los animales?

— La emplean para espantar los insectos.

— ¿El pez tiene cola?

— Sí, señor.

— ¿También le sirve a él para espantar las moscas y los mosquitos?

— ¡Oh, no! No hay moscas en el agua. La cola le es útil al pez para nadar.

Una mosca   Un mosquito   Un anzuelo

— La mosca y otros insectos se ponen en el anzuelo para coger los peces. El pez cogido en el anzuelo y fuera o al exterior del agua se llama pescado. Para pescar pongo una mosca en el anzuelo y el pez lo muerde. ¿Muerde su perro de usted?

El pescado

— No, señor; mi perro no muerde.

— ¿Muerden los mosquitos?

— No, señor; los animales muerden, los insectos pican.

— ¿A quién pertenece el perro blanco?

— No entiendo.

— ¿De quién es el perro blanco?

Este perro muerde

— Es mío.

— Entonces el perro es de usted, pertenece a usted y no a otra persona. ¿A quién pertenece el caballo blanco?

— Pertenece a Juan.

— Sí; es su caballo de él, pero el caballo negro es de María. ¿Cuántos caballos tiene el padre de Juan y María?

— Tiene muchos, unos veinte, poco más o menos.

— Cuéntelos usted.

— Uno, dos, tres, cuatro, cinco, seis, siete, ocho, nueve, diez, once, doce, trece, catorce, quince, dieciséis, diecisiete, dieciocho, diecinueve, veinte.

— Cuente usted de veinte a treinta.

— Veintiuno, veintidós, veintitrés, veinticuatro, veinticinco, veintiséis, veintisiete, veintiocho, veintinueve, treinta.

— ¿Sabe usted los números ordinales?

— No, señor; no los sé. ¿Son difíciles de aprender?

— No; al contrario, son muy fáciles. Enero es el primer mes del año. ¿Qué mes es enero?

— Es el primero.

— Sí; y febrero es el segundo; marzo, el tercero; etc. ¿Cuál es el tercer mes?

— Marzo.

— Sí; y abril es el cuarto; mayo, el quinto; junio, el sexto; julio, el séptimo; agosto, el octavo; septiembre, el noveno; octubre, el décimo; noviembre, el undécimo; y diciembre, el duodécimo mes del año.

— Juan, ¿cuántos años tiene usted?

— Tengo quince.

— Y su primo Francisco, ¿cuántos años tiene?

— Francisco tiene veintiún años.

— Y su hermana de él, ¿cuántos años tiene?

— Ella tiene diecisiete años.

71. PRÁCTICA EN EL USO DE LAS FORMAS

Yo pongo una mosca en el anzuelo.

¿Qué hago yo?
— Usted pone una mosca en el anzuelo. (39)
¿Qué hago con la mosca? (35)
— Usted la pone en el anzuelo.
¿Qué pongo en el anzuelo?
— Una mosca.
¿Quién la pone en el anzuelo?
— Usted.
¿Dónde la pongo?
— En el anzuelo.

Usted pone el anzuelo delante del pez.

¿Qué hace usted?
— Pongo el anzuelo delante del pez.
¿Qué hace usted con el anzuelo?
— Lo pongo delante del pez.
¿Qué pone usted delante de él?
— El anzuelo.
¿Quién lo pone delante de él?
— Yo.
¿Dónde lo pone usted?
— Delante del pez.

Usted me da un lápiz.

¿Quién **me** da *un lápiz?* — Yo.
¿Qué **me** da usted? — *El lápiz.*
¿A quién **le** da usted *el lápiz?* — A usted.
¿Se *lo* da usted a Juan? — No, señor; no se *lo* doy a él.
¿Se *lo* da usted a Pedro? — Tampoco se *lo* doy a él.
¿A quién **se** *lo* da pues? — Se *lo* doy a usted.

Usted me da una pluma.

¿Quién **me** da *la pluma?* — Yo.

¿Qué **me** da usted? — *La pluma.*

¿A quién le da usted *la pluma?* — A usted.

¿Se *la* da usted a Juan? — No, señor; no se *la* doy a él.

¿Se *la* da usted a Pedro? — Tampoco se *la* doy a él.

¿A quién se *la* da pues? — Se *la* doy a usted.

72. FRASES ÚTILES

¿A quién pertenece . . . . . .?

— Me pertenece a mí.

Espante las moscas.

¡Cuidado! el perro muerde.

Coja la gallina.

Me pican los mosquitos.

¿Qué hace usted?

¿Cuántos años tiene?

¿Cuánto vale el pescado?

— Vale veinte centavos la libra.

73. EJERCICIO

A. ¿Cuáles son las combinaciones que suman:

16   19   12   17   11   20   13   14   15   18

B. ¿Cuántos son:

3 por 4 (3 × 4)	4 por 4	7 por 2
4 por 5	3 por 6	5 por 3
11 por 2	9 por 3	7 por 4
2 por 13	6 por 4	12 por 2

C. Empléense en oraciones completas los verbos *dar* (33); *poner* (39), *coger, morder* (*muerde*, etc.) (13).

D. Ordénense las siguientes palabras para formar oraciones:

sujetos	verbos	complementos
El caballo	se pone	cuernos
El perro blanco	vuelan	a María
El gato negro	muerde	cola
Juan	pertenece	el anzuelo
Los mosquitos	coge	a Juan
La mosca	tiene	los peces
La vaca	nada	el caballo
María	corre	en el agua
El pez	pican	en el anzuelo

E. Cámbiense en forma interrogativa las siguientes oraciones:

1. El caballo blanco pertenece a Juan.
2. Los gatos pertenecen a María.
3. El caballo negro no pertenece a Juan.

74. CUESTIONARIO

1. ¿Qué animal tiene cola?
2. ¿Tienen cuernos los caballos?
3. ¿Pertenece el caballo blanco a María?
4. ¿A quién pertenece el caballo negro?
5. ¿Qué pone Juan en el anzuelo para coger el pez?
6. ¿Para qué le sirve la cola al caballo?
7. ¿Qué hace usted con el caballo que anda fuera?
8. ¿Con qué se defiende la vaca?
9. ¿Muerde el mosquito?
10. ¿Sabe usted montar a caballo?

camarote con dos literas

Dando un paseo sobre cubi

LECCIÓN DÉCIMOQUINTA[1]

75. LECTURA

El padre de Antonio tiene que hacer un viaj
ba, a la América Central y a la América del {
· asuntos de sus negocios.

Ja al despacho de la compañía de vapores p:
nprar su billete (boleto) y hacer la reservac
camarote.

El señor Varela. ¿A qué hora sale el vapor r
ia?

El dependiente. A las doce.

El Sr. V. ¿Hace escala en algunos puertos?

D. Sí, señor; en Puerto Barrios, Puerto Cor{
erto Limón, Bocas del Toro y Colón, un día o ·
cada puerto.[2]

El. Sr. V. De Colón tengo que ir a Río de Jane:
or cuánto tiempo es válido el billete?

Véase Modelos de Cartas y de Formas Comerciales, Parte Segu
ina 225.
Véase el mapa de la América Central, página 215.

D. El billete es válido por seis meses.

El. Sr. V. ¿Cuánto vale el pasaje?

D. Ciento veinticinco duros, ida y vuelta hasta Colón; de allí a Río de Janeiro el precio es según el vapor y las escalas que hace.

El Sr. V. Está bien. Déme usted el billete y haga el favor de hacerme la reservación de una litera en camarote sobre cubierta.

D. Siento mucho, caballero, pero ya no queda más que un solo camarote y es de abajo.

El Sr. V. No me conviene. Abajo me mareo mucho. ¿Cuándo saldrá otro vapor?

D. De hoy en ocho días.

El Sr. V. Sírvase hacer la reservación para entonces.

La señora se marea

D. Puedo darle un camarote muy bueno, el número 12, que es para un solo pasajero, pero con aumento de diez pesos en el precio del pasaje.

El Sr. V. Está bien; lo tomaré. Gracias.

D. De nada.

76. PRÁCTICA EN EL USO DE LAS FORMAS

¿Quién tenía que hacer un viaje?

— El padre de Antonio.

¿Cuándo?

— Hace dos semanas.

¿Sabía el señor Varela la hora de salida del vapor?

— No, señor; no la sabía.

¿Había camarote sobre cubierta?

— No; solamente quedaba uno de abajo.

¿Para cuándo saldría otro vapor?

— Para el día quince.

¿Podía el dependiente darle un camarote para entonces?

— Sí; podía darle uno muy bueno.

¿Quién **era** Caín?

— **Era** hermano de Abel.

De los dos, ¿cuál **era** el mal hermano y cuál **era** el buen hermano?

— Caín **era** el hermano malo y Abel el bueno.

¿Es enero el primer **mes** o el tercer mes?

— Es el primero; el tercero es marzo.

Tengo cien duros; ¿cuántos duros tengo?

— Ciento.

¿Tiene usted algún libro en francés?

— No, señor; no tengo ninguno.

¿No tiene usted ningún libro?

— No, señor; no tengo libro alguno.

La señora Agnese es del Brasil.

¿De dónde **es** la señora?

— **Es** del Brasil.

¿Dónde **está** la señora?

— **Está** en Nueva Orleáns.

¿Cómo **está** la señora?

— **Está** muy buena.

¿Qué clase de persona **es** la señora?

— **Es** muy buena.

77. EJERCICIO

A. Complétense las siguientes oraciones:

1. Juan .... da a María el libro.
2. ¿A quién .... da? — A María.

3. ¿Qué .... da? — El libro.
4. ¿Quién .... da? — Juan.
5. ¿Qué hace Juan con el libro? — .... da a María.

6. María .... da la novela a Juan.
7. ¿A quién .... da? — A Juan.
8. ¿Qué .... da? — La novela.
9. ¿Quién .... da? — María.
10. ¿Qué hace María con la novela? — .... da a Juan.

B. Complétense las siguientes oraciones, usando las palabras: *mi, mío, mía, mis, míos, mías, nuestro, nuestra, nuestros, nuestras, su, suyo, suya, suyos, suyas.*[1]

1. .... libro está en .... banco; el .... está en casa.
2. .... libros están en .... bancos; los .... están en casa.
3. .... novela está en casa; la .... está en .... banco.
4. .... novelas están en casa; las .... están en .... bancos.
5. .... caballo es más grande que el ....
6. .... caballos son más grandes que los ....
7. .... novela es más interesante que la ....
8. .... novelas son más interesantes que las ....

C. Arréglense en orden apropiado en la frase las siguientes palabras:

1. ¿Hora, sale, el, mañana, vapor, qué, a?
2. ¿Principales, hace, puertos, en, escala, los?
3. Buenos Aires, Colón, tengo, ir, que, a, de.

---

[1] El profesor debe exigir dos interpretaciones de cada oración.

4. ¿Vale, el, cuánto, y, vuelta, de, billete, ida?

5. Favor, camarote, reservarme, haga, cubierta, un, sobre, de.

6. Vapor, de, en, saldrá, días, otro, hoy, ocho.

7. Cubierta, siento, no, camarote, hay, pero, mucho, ya, sobre.

8. Me, abajo, conviene, camarote, no, de.

9. La, para, lunes, el, sírvase, reservación, hacer.

78. CUESTIONARIO

1. ¿Adónde va el padre de Antonio para comprar su billete?

2. ¿A quién compra el billete?

3. ¿En dónde hace escala el vapor?

4. ¿Hasta dónde quiere ir el señor Varela?

5. ¿Por qué asuntos va a hacer el viaje?

6. ¿Qué compra en los puertos donde hace escala?

7. ¿A qué hora sale el vapor de Nueva York?

8. ¿Por cuánto tiempo es válido el billete?

9. ¿Cuánto vale el pasaje?

10. ¿Qué es lo que no le conviene al Sr. Varela? ¿por qué?

11. ¿Usted se marea a bordo de un vapor?

12. ¿A qué hora va a bordo el Sr. Varela?

13. ¿Cuándo saldrá otro vapor?

14. ¿Por qué no va en el vapor que sale hoy?

15. Al Sr. Varela le gusta mucho el camarote número 12; ¿por qué?

16. ¿Cuánto tiene que pagar para el camarote?

79. COMPOSICIÓN

Mi Viaje a la Habana [1]

¿Por qué hace usted el viaje?
¿Es viaje de negocio o de paseo?
El despacho de la compañía.
Lo que dice el dependiente.
La hora de salida del vapor.
¿Cuánto cuesta el billete de ida y vuelta?
¿Por cuánto tiempo es válido?
¿Hace escala el vapor o es viaje sin escala?
El viaje es de varios días; ¿cuántos son?
Se despide usted de la familia.
Va a bordo.
Número del camarote.
Está sobre cubierta.
No se marea usted.

LECCIÓN DÉCIMOSEXTA

80. CONVERSACIÓN

— ¿Qué hay delante de la casa?
— Delante de la casa hay un poste.
— ¿Para qué sirve el poste?
— Sirve para amarrar los caballos.
— ¿Tiene raíces el poste?
— Hágame usted el favor de explime lo que significa la palabra *raíces*.

Un caballo amarrado al poste

El alumno debe conseguir un itinerario de los vapores para la Habana reglar sus ideas según los datos sugeridos.

— ¿No sabe usted lo que son raíces?

— No, señor; no sé.

— ¿María?

— Yo tampoco.

— Una planta se compone de dos
partes principales, la raíz en la tierra
y el tallo en el aire. El tallo del árbol
es el tronco.

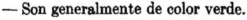

Un árbol

— No sé lo que son árboles.

— Un árbol es una planta muy
grande con raíces en la tierra, y en el
aire un tronco, que se divide en ramas; en las ramas hay hojas y flores.
¿De qué color son las hojas?

Una hoja

— Son generalmente de color verde.

— ¿Son también verdes las flores?

— No, señor; las flores son de varios
colores. Las hay blancas, rojas, azules
y amarillas.

— ¿Qué es la rosa?

— Es una flor.

— ¿Y la violeta y la magnolia?

— También son flores.

Una flor

— ¿Es blanca la rosa?

— Hay algunas rosas blancas, pero las demás son
de color rojo. También hay una rosa muy bonita
de color de oro. El oro es un metal precioso de color
amarillo.

— ¿De qué color es la hierba que cubre la tierra?

— Verde.

— ¿Para qué sirve la hierba?

— Sirve de pasto al ga-
nado.

— ¿Ponemos los ani-
males en el jardín?

— ¡Oh, no! el jardín está
reservado para el cultivo
de las flores.

— ¿Quién lo cultiva?

— El jardinero.

El jardinero cuida del jardín y
corta la hierba

81. PRÁCTICA EN EL USO DE LAS FORMAS

Nosotros ponemos moscas en los anzuelos.

¿Qué hacemos nosotros? (35 y 39)

— Ustedes ponen moscas en los anzuelos.

¿Qué hacemos con las moscas?

— Ustedes las ponen en los anzuelos.

¿Qué ponemos en los anzuelos?

— Las moscas.

¿Quiénes las ponen en los anzuelos?

— Ustedes.

¿Dónde las ponemos?

— En los anzuelos.

Ustedes ponen los anzuelos delante de los peces.

¿Qué hacen ustedes?

— Ponemos los anzuelos delante de los peces.

¿Qué hacen ustedes con los anzuelos?

— Los ponemos delante de los peces.

¿Qué ponen ustedes delante de los peces?

— Los anzuelos.

¿Quiénes los ponen delante de los peces?

— Nosotros.

¿Dónde los ponen ustedes?
— Delante de los peces.

Yo sirvo el café. (20)
Usted sirve el te.
Él sirve la leche.
Nosotros servimos el café.
Ustedes sirven el te.
Ellos sirven la leche.

Dolores sirve el te

¿Quién sirve el café? — Usted lo sirve.
¿Quién sirve el te? — Yo lo sirvo.
¿Quién sirve la leche? — Él la sirve.
¿Quiénes sirven el café? — Ustedes lo sirven.
¿Quiénes sirven el te? — Nosotros lo servimos.
¿Quiénes sirven la leche? — Ellos la sirven.

Antonio, ¿cuánto debe usted al comerciante?
— Le debo quince duros.
¿Por qué no se los paga usted?
— Porque no tengo dinero.

¿Cuánto debía Antonio al comerciante?
— Le debía quince duros.
¿Por qué no se los pagó?
— Porque no **tuvo** dinero.

82. FRASES ÚTILES

Hágame usted el favor de poner el pan en la mesa.
¿Me hace usted el favor de pasarme la mantequilla?
— Con mucho gusto.

El pan y un plato de mantequilla

Con permiso. — Usted lo tiene, caballero (señora o señorita).

Dispénseme usted. — Con mucho gusto.

Manuel, sirva el café. (20)

83. EJERCICIO

A. Escríbanse las formas del presente de *tener que,* comenzando con:

> *Yo tengo que escribir mi lección.*
> Usted . . . . .
> Él . . . . .
> Ella . . . . . etc., etc.

B. Empléense en oraciones el presente de los siguientes verbos:

amarrar	dividir	reservar	servir
componer	cubrir	cultivar	hacer

C. Escríbanse los plurales de las siguientes palabras y póngase el artículo *los* o *las* a los substantivos:

azul	árbol	pez	principal
raíz	verde	se	cubre
flor	metal	divide	amarra

D. Escríbase la forma en femenino singular de las siguientes:

bonito	rojo	blanco	amarillo
principal	verde	azul	precioso

E. De las siguientes palabras hágase una oración:

Verdes, el, aire, en, tiene, tienen, hojas, raíces, hojas, árbol, flores, ramas, un, tierra, dividido, en, y, la, tronco, en, que, el, y.

F. Hágase lista de las palabras de la lección que se escriben con acento gráfico.

G. Complétense las siguientes oraciones:

1. ¿.... qué sirve el poste? — Sirve para .... los caballos.

2. ¿Sabe usted .... qué son las raíces? — Sí, señor; yo ....

3. ¿De qué .... son las hojas? — .... verdes.

4. ¿Quién cultiva el ....? — El jardinero .... cultiva.

5. ¿Quién .... la tierra? — El agricultor .... cultiva.

6. ¿Qué .... sirve de pasto al caballo? — La ....

7. ¿Para qué sirve el jardín? — .... el cultivo de ....

8. ¿Hay .... en la casa? — No, señor; no hay ....

9. ¿.... hay mucho negocio en ganado? — En .... y en los Estados Unidos.

10. .... el favor de .... un vaso de agua. — Con mucho ...., caballero.

84. CUESTIONARIO

1. ¿Qué hay delante de la casa?
2. ¿Es blanco el limón?
3. ¿Tiene raíces el poste?
4. ¿Cuáles son las partes principales de un árbol?
5. ¿De qué color es la hierba?
6. ¿Para qué sirve la hierba?
7. ¿Dónde hay hierba?
8. ¿De qué color son las hojas de los árboles?
9. ¿Cuál es el color de la hierba?
10. ¿Qué hace el jardinero?

LECCIÓN DÉCIMOSÉPTIMA

85. LECTURA

El gato corre tras un ratón.   ¿Dónde está el ratón?.

Está al lado de la caja.   Está detrás de la caja.

Está entre la caja y un libro.

Sube a la caja, pasa por encima de ella, baja de ella.

Corre a través de la mesa.   Salta de la mesa.

Corre debajo del banco.   Se mete en un agujero.

Y se escapa del gato.

Juan y los Pollos

Había cinco pollitos en la canasta.
Ya no hay más que cuatro.
Falta un pollito.
¿Quién lo llevó?

86. PRÁCTICA EN EL USO DE LAS FORMAS

El Presente de Algunos Verbos

tener (42)

Yo tengo una peseta.
Usted (él o ella) tiene un duro.
Nosotros tenemos poco dinero.
Ustedes (ellos o ellas) tienen poco dinero.

saber (41)

Yo sé la lección. Nosotros sabemos la lección.
Él sabe la lección. Ellos saben la lección.

haber (impersonal) (2)

Hay un libro sobre la mesa.
Hay peces en el agua.

ser (7)

Yo soy americano (americana).
Él es español. Ella es española.

Él toma una
naranja

Nosotros somos americanos. Nosotras somos americanas.

Ellos son españoles. Ellas son españolas.

estar (8)

Yo estoy en la clase. Nosotros estamos en la clase.
Él está en la casa. Ellos están en la casa.

tomar (3)

Yo tomo una naranja. Nosotros tomamos unas naranjas.
Él toma un huevo. Ellos toman unos huevos.

UNOS TIEMPOS PASADOS

¿Quién corrió tras el ratón? — El gato.

¿Dónde estaba el ratón? — Estaba al lado de la caja.

¿Quién subió a la caja? — El ratón.

¿Por dónde pasó? — Por encima de la caja.

¿De dónde bajó? — De la caja.

¿Dónde corrió? — A través de la mesa.

¿De dónde saltó? — De la mesa.

¿Dónde corrió? — Debajo del banco.

¿Le cogió el gato? — No; el gato no **pudo** cogerlo.

¿Por qué no? — Porque el ratón se metió en un agujero y le escapó.

¿Y no entró el gato en el agujero? — ¿Cómo **pudo** hacerlo? Es demasiado grande el gato.

87. FRASES ÚTILES

LAS ESTACIONES DEL AÑO

La primavera   El verano

El otoño   El invierno

LAS PARTES DEL DÍA CON SUS SALUDOS

La mañana — buenos días   La noche — buenas noches
La tarde — buenas tardes   A cualquier hora — adiós

Los Días Pasados y Futuros

El día presente — hoy
El día pasado — ayer
El día futuro — mañana
El día antes de ayer — anteayer
El día después de mañana — pasado mañana
La noche de ayer — anoche
La noche de anteayer — anteanoche

88. EJERCICIO

A. Arréglense en orden los siguientes días de la semana:

jueves, domingo, sábado, miércoles, martes, viernes, lunes

B. Pónganse los meses del año que faltan entre los siguientes e igualmente los días de la semana:

octubre .... diciembre	marzo .... mayo
mayo .... julio	junio .... agosto
enero .... marzo	septiembre .... noviembre
febrero .... abril	martes .... jueves
agosto .... octubre	sábado .... lunes
abril .... junio	miércoles .... viernes
julio .... septiembre	domingo .... martes

C. Escríbanse los contrarios de las siguientes:

sube	dentro	oriental
venir	ir	viene
poco	detrás	entrar
ida	ganancia	çerrar
fácil	malo	va
abierto	caro	tampoco

D. Escríbanse los infinitivos (que terminan en *ar*, *er*, o *ir*) de las siguientes formas de los verbos:

va	vuelve	había	levó
viene	abierto	doy	soy
sube	sé	baja	cierra
dé	hace	cuente	corre
gusta	juega	estoy	es
hago	ponga	tiene	hay
pide	era	saldrá	llama
tendrá	vende	tengo	vuela

89. COMPOSICIÓN

1. El Ratón y el Gato.
2. Juan y los Pollitos.

LECCION DÉCIMOCTAVA

90. CONVERSACIÓN

— ¿Cómo se divide el tiempo?

— En segundos, minutos, horas, días, semanas, meses, estaciones, años y siglos.

— ¿Cuántos segundos tiene el minuto?

— Sesenta, y sesenta son también los minutos que tiene la hora.

— ¿Cuántas horas tiene el día?

— Veinticuatro.

— ¿En cuántas partes se divide el día?

— En dos: el día común, desde las seis de la mañana hasta las seis de la tarde, y la noche.

El sol   La luna   Las estrellas

— ¿Brilla de noche el sol?

— No, señor; de noche brillan la luna y las estre-
s; el sol brilla de día.

— ¿Cuántos días tiene la semana?

— La semana tiene siete días.

— ¿Cuáles son?

— Lunes, martes, miércoles, jueves, viernes, sá-
do y domingo.

— ¿Cuáles son los meses del año?

— Enero, febrero, marzo, abril, mayo, junio,
io, agosto, septiembre, octubre, noviembre y
:iembre.

— ¿Cuáles son las estaciones del año?

— Primavera, verano, otoño e invierno.

— En los Estados Unidos, ¿cuáles son los meses
la primavera?

— Son marzo, abril y mayo.

— ¿Cuáles son los meses del verano?

— Junio, julio y agosto.

— ¿Cuáles son los meses del otoño?

— Septiembre, octubre y noviembre.

— ¿Cuáles son los meses del invierno?

— Diciembre, enero y febrero.

— ¿Cuántos años tiene un siglo?

— Cien años.

— ¿Cómo se llama el instrumento que sirve para medir el tiempo?

Un reloj
de bolsillo

— Reloj.

— ¿Lleva usted un reloj?

— Sí, señor; está a su disposición.

— ¿Qué hora es?

— Son las cinco en punto.

— Muevo las manecillas; ¿qué hora es?

— Son las cinco y diez.

— ¿Qué hora es?

— Son las siete y media.

— ¿Qué hora es?

— Son las tres menos diez, o faltan diez para las tres.

— ¿Qué día es hoy?

— Miércoles.

— ¿A cuántos estamos?

— Estamos a veintidós de diciembre.

— ¿Qué día fué ayer?

— Ayer fué martes.

— Y anteayer, ¿qué día fué?

— Anteayer fué lunes.

— ¿Qué día es mañana?

— Mañana es jueves.

— Y pasado mañana, ¿qué día es?

— Pasado mañana es viernes.

— ¿Cómo se designa la noche de ayer?

— Anoche.

— ¿Y la de anteayer?

— Anteanoche.

Los niños corren a saludar a su abuelo. Le quieren mucho

91. PRÁCTICA EN EL USO DE LAS FORMAS

¿Dónde estuvo Vd. ayer?

— Ayer estuve en casa de mi abuelo.

¿También estuvieron sus hermanos allí?

— Sí, señor; toda la familia estuvo allí. Era el día de su santo y pasamos el día muy alegres.

¿Qué le dijo Vd. a su abuelo al entrar en su casa?

— Le dije: "Buenos días, abuelo, téngalo Vd. muy feliz."

Y sus hermanos, ¿qué dijeron? (34)

— Ellos dijeron lo mismo.

¿No le hicieron Vds. ningún regalo a su abuelo?

— Naturalmente; le hicimos muchos regalitos, como también mamá y papá.

¿Qué le dió Vd.?

— Le di un pañuelo bordado.

Un paraguas

¿Vió Vd. los regalos de los amigos de él? (45)

— Sí; los vi; eran muy bonitos y útiles. Unos amigos del club le regalaron un reloj de oro y otro amigo le dió un paraguas.

¿Quién fué este amigo?

— Fué el señor Cárdenas.

¿Quién fué la persona que le regaló un pañuelo?

— Fuí yo.

¿Quién hizo el pañuelo?

— Yo lo hice, pero mi madre me ayudó con el bordado.

Un pañuelo
bordado

92. FRASES ÚTILES

Buenos días.	Le felicito.
Buenas tardes.	Me alegro mucho.
Buenas noches.	Lo siento mucho.
Que pase Vd. muy buenas noches.	¿Qué hora es? Son las . . . .
Que lo tenga Vd. muy feliz.	¿Qué día es hoy? ¿A cuántos estamos?

93. EJERCICIO[1]

A. Complétense las siguientes oraciones:

1. ¿Dónde est--- Vd. anoche?
— Anoche estuv- en casa de mi abuela.
2. ¿Estuv----- sus hermanos también allí?
— Sí; toda la familia estuv- . . . .
3. ¿Qué día . . . .?
— . . . . día de su santo y lo celebramos.
4. ¿Qué d--- Vd. al entrar?
— . . . . "T---- lo Vd. muy
feliz, abuela."
5. ¿Qué hizo ella?
— Me d-- las gracias y me
besó.
6. ¿Qué le d-- Vd. como regalo?
— Le . . . . un pañuelo bordado.
7. ¿A qué hora f-- la visita?
— A las nueve de la m------.

La abuela

8. ¿A qué hora volvieron Vds. a . . . .?
— Volv---- a las tres de la t----.
9. ¿. . . . Vd. los regalos que su abuela recibió?
— Sí, señor; los . . . .; eran muy bonitos.
10. ¿Vd. hizo el bordado del pañuelo?
— No, señor; no lo hice yo, la que lo . . . . fué mi
madre.

94. CUESTIONARIO

1. ¿Qué día es hoy?
2. ¿Qué día fué ayer?
3. ¿Qué día es mañana?

[1] Al hacer los ejercicios, el alumno debe substituir las rayas
(-----) con una palabra de igual número de letras. Cuatro puntos
(. . . .) indican una palabra sin referencia al número de letras.

4. ¿Qué día fué anteayer?
5. ¿Qué día es pasado mañana?
6. ¿A cuántos estamos?
7. ¿Qué le dió Vd. a su mamá el día de su santo?
8. ¿Cuándo visitaron Vds. a su abuela?
9. ¿Hasta qué hora estuvieron en casa de ella?
10. ¿Qué hora es en cada cual de estos relojes?

LECCIÓN DÉCIMONONA

95. CONVERSACIÓN

— María, aquí está una flor; descríbamela.

— Es una magnolia. Su color es blanco y el olor muy fragante. Es una flor muy bonita.

— Sí; la magnolia es una flor hermosa. ¿Qué es lo contrario de *bonito* o *hermoso?*

— No sé, señor.

— Lo contrario de *hermoso* es *feo.* ¿Es fea Luisa?

— ¡Oh, no! Luisa es muy bonita.

— También es muy buena, lo que vale más. ¿Qué es lo contrario de *bueno?*

— *Malo.*

— ¿Qué clase de aroma tiene la violeta?

— El aroma de la violeta es muy suave o delicado.

— ¿Y el aroma de la magnolia, ¿es suave?

— No, señor; al contrario, es fuerte y, para mí, algo desagradable.

— ¿Cómo huele la rosa? (14)

— Huele bien; tiene un aroma delicioso.

— Aquí hay una medicina que se llama asafétida; ¿huele bien?

— No, señor; huele muy mal.

— Sí; tiene mal olor, pero es una medicina buena. ¿Cuáles son los colores nacionales?

María huele la rosa

— Los de los Estados Unidos son rojo, blanco y azul; los de Méjico, verde, blanco y colorado; los de España rojo y amarillo; los de Bélgica negro, amarillo y rojo.

— Los colores son claros y obscuros. ¿Es claro el azul de la bandera de los Estados Unidos?

— No, señor; es obscuro.

— Aquí hay un libro; ¿es azul el libro?

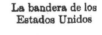

— No, señor; es de color café.

— ¿Café claro o café obscuro?

— Café obscuro.

— Allí, en la mesa, hay otro libro; ¿de qué color es? ¿Es también de color café?

La bandera de los Estados Unidos

— Sí, señor; pero no de color café obscuro, sino claro.

— ¿Es la rosa de color café?

— No, señor; la rosa es de color rojo claro y así es que este color se llama *color de rosa*.

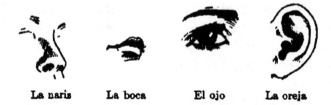

La nariz　　La boca　　El ojo　　La oreja

— ¿Con qué órgano se percibe el color de las cosas?

— Con el ojo.

— ¿Cuántos ojos tenemos?

— Tenemos dos.

— ¿De qué colores son los ojos?

— Hay de varios colores; los azules, los cafés, y los grises son los más comunes, pero también los hay verdes y negros.

— ¿Con qué órgano percibimos los olores?

— Con la nariz.

— ¿Dónde están situados los ojos y la nariz?

— En la cabeza.

— ¿En qué parte de la cabeza están colocados los ojos, la nariz y la boca?

— En la cara.

— ¿Dónde están colocadas las orejas?

— Una a cada lado de la cabeza.

La cabeza

96. PRÁCTICA EN EL USO DE LAS FORMAS

¿Cómo se llama usted? (6) — Me llamo Manuel.

¿Cómo se llama su padre de usted? — Se llama Manuel también.

¿De quién es el lápiz? — Es mío (o es el mío).

¿De quién es la pluma? — Es suya (o es la suya).

¿De quién es la clase? — Es nuestra (o es la nuestra).

Hay algo en el vaso.
Hay alguna cosa en el vaso.
Hay alguien en la casa.
Hay alguna persona en la casa.
Hay algún animal en el corral.

No hay nada en el vaso.
No hay ninguna cosa en el vaso.
No hay nadie en la casa.
No hay ninguna persona (o persona
alguna) en la casa.

No hay ningún animal (o animal alguno) en el corral.

¿Cuáles son los colores que Vd. conoce?

— Blanco, negro, rojo, azul, verde, amarillo, gris, café
y rosado.

¿Conoce Vd. al señor Méndez?

— No, señor; no lo conozco.

¿Hizo usted el ejercicio con lápiz o con pluma y tinta?

— Lo **hice** con lápiz.

Siempre debe usted **hacer** los ejercicios con pluma.

— Yo **sabía** que **debía** escribirlo con tinta, pero no la
había en casa.

97. FRASES ÚTILES

¿Cómo se llama usted?	¿Qué tal es ....?
— Me llamo	— Es muy bueno (o malo).
¿Cómo se llama ....?	¿A qué huele?
— Se llama	— Huele a rosas.
¿Dónde está usted?	¿Qué hace usted? ·
— Aquí estoy.	— Nada.

98. EJERCICIO

A. ¿Cuáles son los productos de las siguientes cantidades?

4 × 6	7 × 2	3 × 3	2 × 2 × 2	3 × 5 más 2
5 × 3	8 × 3	4 × 4	2 × 3 × 3	4 × 4 más 4
2 × 8	3 × 4	2 × 9	2 × 3 × 2	4 × 4 más 3

B. Constrúyanse oraciones con los nombres de los
colores y los siguientes términos:

el caballo	el perro	el océano	las hojas
las rosas	la bandera	el oro	el gato
la·casa	el ala	el canario	el ratón

C. Complétense las siguientes oraciones:

1. ¿Cómo se llama el .... claro?
   — .... color de rosa.
2. ¿Cuánto le da usted al criado?
   — No .... doy ....
3. ¿Hay algún libro .... la mesa?
   — No, señor; no hay ....
4. ¿Hay muchas cosas sobre ....?
   — No, señor; hay .... libros; nada más.
5. ¿Es ésta su pluma de ....?
   — No, señor; es la ....
6. ¿Es éste su lápiz .... usted?
   — No, señor; es .... suyo.
7. ¿Es .... la casa del señor Martínez?
   — No, señor; su casa de .... es pequeña.
8. ¿Es .... Luisa?
   — ¡Oh, no! todo lo contrario; es muy ....
9. ¿A qué .... el perfume?
   — .... a rosas.
10. ¿Hay .... en la casa?
    — No, señor; no hay .... allí.

Una botella de
perfume

99. CUESTIONARIO

1. ¿Cuáles son los colores que usted conoce?
2. ¿Qué es lo contrario de *hermoso?*
3. ¿Qué es lo contrario de *malo?*
4. ¿Qué medicina tiene un olor malo?
5. ¿Cuál es la flor que tiene el aroma más agradable?
6. ¿Cuáles son los colores nacionales de Francia?
7. ¿Qué otro país tiene estos colores en su bandera?
8. ¿Cuáles son los colores nacionales de España?
9. ¿Cómo se llama el rojo claro?
10. ¿De qué color es la bandera argentina? ¿la chilena?

LECCIÓN VIGÉSIMA

100. CONVERSACIÓN

— ¿Huele bien el agua? (14)

— No, señor; ni bien ni mal; el agua no tiene olor.

— ¿Es agria el agua?

— No, señor; el agua no tiene sabor alguno.

— ¿Qué líquido tiene sabor ácido?

— El vinagre; también el zumo del limón.

— ¿Qué se hace del zumo o jugo de limón?

— Del zumo de limón, con agua y azúcar, se hace limonada.

— ¿Se come la limonada?

—No, señor; se comen los sólidos, como el pan, el pescado y la carne; los líquidos se beben.

—¿Qué se hace con las frutas?

Luis come pan   María bebe agua

—Se comen.

—Una cosa que tiene mucho azúcar es dulce. ¿Son dulces las naranjas?

—No todas.   Algunas naranjas son dulces, otras agrias y otras amargas.

—No comprendo la palabra *amargas*, caballero.

—El vinagre es agrio, el azúcar es dulce.   La quinina no es ni agria ni dulce; es amarga.   ¿Hay naranjas amargas?

—Sí; pero no sirven para comer.

—¿Cómo se llama la flor de la naranja?

—Se llama azahar.

—¿Dónde se pone la limonada para beberla o tomarla?

—Se pone en un vaso de vidrio o cristal.

Se vende carne en la carnicería

— ¿Es dulce el agua del océano?

— No, señor; es salada.

— Se dice de la cosa que tiene demasiada sal, que es salada; si es demasiada la pimienta o el chile, se dice que es picante.

La sal y la pimienta

Ustedes saben contar hasta treinta; ahora deben aprender los números de treinta a cuarenta: treinta y uno, treinta y dos, treinta y tres, treinta y cuatro, treinta y cinco, treinta y seis, treinta y siete, treinta y ocho, treinta y nueve, cuarenta.

101. PRÁCTICA EN EL USO DE LAS FORMAS

¿Come usted en un hotel? (4)

— Sí, señor; yo como en el mismo hotel que usted.

¿El señor Mora también come allí?

— Sí, señor; él y su esposa comen conmigo en la misma mesa.

Mi esposa y yo comemos en la mesa delante de la de ustedes.

— Precisamente.

¿Qué toma usted, señora? (3)

— Café, si me hace usted el favor de dármelo.

¿Y su marido?

— Café también.

¿Qué toman los niños?

— Los niños, leche.

¿Cómo toman ustedes el café?

— Lo tomamos sin azúcar y con leche caliente.

¿Cómo toma usted la medicina?

La medicina tiene mal sabor

— Con azúcar.

¿Por qué?

— Porque tomándola así no se nota su mal sabor.

¿Por qué no quiere Anita tomar la medicina?

— Porque no le gusta; huele mal y tiene mal sabor.

¿Dónde está el libro?	¿Dónde está la pluma?
— Aquí está.	— Aquí está.
Déselo a María. ¿Ahora quién lo tiene?	Désela a Juan. ¿Ahora quién la tiene?
— María.	— Juan.
¿Quién se lo dió?	¿Quién se la dió?
— Yo.	— Yo.
María, ¿de quién es el libro?	Juan, ¿de quién es la pluma?
— Es mío.	— Es mía.
¿Quiere usted prestármelo?	¿Quiere usted prestármela?
— Con mucho gusto.	— Con mucho gusto.

¿Quién **será** aquel caballero que está entrando en la casa del señor Álvarez?

— Debe ser el señor Álvarez mismo.

¡Ah, sí! ya veo; él es; pero **creí** que él **había ido** a España.

— No; no **ha ido** todavía, porque tiene enferma una hija.

102. FRASES ÚTILES

Lola, ponga la mesa.	No hay nada.
Levante la mesa.	No hay ninguno.
¿Qué toma usted?	No hay nadie.
¿Cómo toma usted el café?	No hay modo de arreglar
¿Qué quiere Vd. tomar?	el asunto.
¿Quiere Vd. prestarme . . . .?	Comen conmigo todos los días.

Lola pone la mesa   Lola levanta la mesa

103. EJERCICIO

A. Hay una mesa desocupada delante de la clase; contéstense las siguientes preguntas empleándose las palabras *nadie, ninguno, ninguna, nada.*

1. ¿Qué hay sobre (en) la mesa?
2. ¿Quién está sentado delante de la mesa?
3. ¿Qué cosa hay sobre la mesa?
4. ¿Quién está tomando café?
5. ¿Hay algo sobre la mesa?
6. ¿Hay alguien sentado delante de la mesa?
7. ¿Hay alguna cosa sobre la mesa?
8. ¿Hay alguien tomando café?
9. ¿Cuántas cosas hay sobre la mesa?
10. ¿Cuántas personas están sentadas alrededor de la mesa?

B. Háganse ejercicios con los siguientes verbos:

comer   tomar   oler (huele)   llamarse   conocer

C. Complétense las siguientes oraciones:

1. ¿Qué sabor tiene el . . . .? — Es agrio.
2. ¿. . . . toma usted el te? — Lo tomo con . . . . y . . . .

3. ¿A qué .... el perfume? — .... a violeta.

4. ¿Es dulce la quinina? — No, señor; es ....

5. ¿.... bien la asafétida? — No, señor; .... mal.

6. ¿........ se hace la limonada? — Se .... de agua, azúcar y .... de limón.

7. ¿A qué .... el pañuelo de la señorita? — .... a violeta.

8. ¿Prefiere usted el café .... o sin azúcar? — Lo prefiero con bastante azúcar, pero .... leche.

9. ¿Cómo .... llama la flor de la naranja? — .... llama ....

10. ¿Cómo .... usted el café? — .... tomo con azúcar y con leche caliente.

104. CUESTIONARIO

1. ¿Huele bien el agua?
2. ¿Qué es el azahar?
3. ¿Quién come con usted?
4. ¿Cómo toma usted el te?
5. ¿Qué pone usted en el pañuelo?
6. ¿Cuáles son las bebidas más comunes?
7. ¿Qué frutas conoce usted?
8. ¿Cuáles son las más dulces?
9. ¿En qué se toma la limonada?
10. ¿En qué se toma las bebidas calientes?
11. ¿Qué líquido es agrio?
12. ¿Qué líquido es dulce?
13. ¿Qué sabor tiene el agua del océano?
14. ¿Prefieren ustedes el te con o sin leche?
15. ¿Come usted carne tres veces el día?
16. ¿Qué comen los niños de dos o tres años?

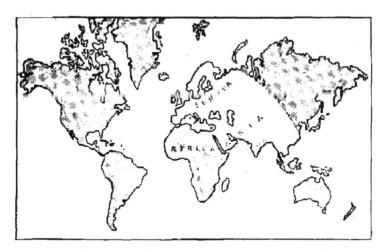

Mostrando en blanco la parte del mundo conocida antes de los
descubrimientos de Colón

LECCIÓN VIGÉSIMA PRIMERA

105. LECTURA

Cristóbal Colón

Hace cuatrocientos o quinientos años no se sabía
mucho de la geografía ni de la astronomía. En aquellos tiempos se creía la tierra un plano y no se sabía,
como ahora sabemos, que es una esfera. Pero no
todo el mundo tenía esas ideas. Había algunos
hombres que sabían que la tierra debía ser re-
donda como una esfera, entre ellos Cristóbal Colón,
de Génova, en Italia.

Colón creía que el Asia estaba al otro lado del
Atlántico y que sería posible ir a la India a través
de ese océano, en lugar de por el camino usual a

través del mar Mediterráneo, Egipto y los desiertos de Arabia.

En aquellos días todavía no había buques grandes ni los buenos instrumentos que ahora, tienen los marineros, y se necesitaba gran valor para hacer viajes por mares desconocidos donde creían que no había tierra.

Colón no tenía miedo, pero era muy pobre y le era imposible hacer un viaje para descubrir un nuevo camino para la India. Sin dinero no podía hacer nada.

¿Qué hacer?

Solamente un rey sería bastante rico para darle los buques y el dinero que le faltaban.

Ya sabemos cómo al fin la reina Isabel de España le ayudó, pero antes de pedir ayuda a ella Colón había ido a Portugal, luego a Génova, y había enviado su hermano a Inglaterra, sin obtener la ayuda que tanto necesitaba.

(Se concluirá en la lección que sigue.)

106. EJEMPLOS DE INFLEXIONES

El Imperfecto de Algunos Verbos

tener (42)

Yo tenía una peseta.
Usted (él o ella) tenía un duro.
Nosotros teníamos poco dinero.
Ustedes (ellos o ellas) tenían poco dinero.

saber (41)

Yo sabía la lección.   Nosotros sabíamos la lección.
Él sabía la lección.   Ellos sabían la lección.

haber (impersonal) (2)

Había un libro sobre la mesa.
Había peces en el agua.

ser (7)

Yo **era** discípulo en la escuela.
Él **era** discípulo en la escuela.
Nosotros **éramos** discípulos en la escuela.
Ellos **eran** discípulos en la escuela.

estar (8)

Yo **estaba** en la clase.	Nosotros **estábamos** en la clase.
Él **estaba** en la clase.	Ellos **estaban** en la clase.

tomar (3)

Yo **tomaba** una naranja.	Nosotros **tomábamos** unas naranjas.
Él **tomaba** un huevo.	Ellos **tomaban** unos huevos.

107. EJERCICIO

A. Háganse diez preguntas sobre el cuento de Cristóbal Colón, que no sean duplicadas de las veinte del Cuestionario siguiente.

B. Háganse oraciones empleando el imperfecto de *creer* (como el de *saber*).

C. Háganse oraciones empleando el imperfecto de *necesitar* (como el de *tomar*).

D. Del Cuestionario siguiente, pónganse en oraciones negativas las preguntas números 3, 12, 18, 19.

E. Cámbiese la siguiente oración, primero en pregunta, luego en oración negativa, y después en interrogación negativa: *Colón descubrió el Nuevo Mundo.*

Colón ante los reyes de España

108. CUESTIONARIO

1. ¿Cuántos años hace que vivió Cristó[
Colón?

2. En aquellos días, ¿qué se creía de la forma
a tierra?

3. ¿Todo el mundo tenía esas ideas?

4. ¿Qué sabían algunos hombres?

5. ¿Qué creía Colón?

6. ¿Cuál era el antiguo camino para la India?

7. ¿Por qué se necesitaba gran valor para ha
viajes en aquellos días?

8. ¿Por qué no tenía miedo Colón?

9. ¿Por qué no podía Colón hacer el viaje?

10. ¿Quién sería bastante rico para ayudarle?

11. ¿Quién le ayudó al fin?

12. Antes de ir a España, ¿adónde había
Colón?

13. ¿Sabe usted el nombre del rey de Portuga
quien Colón había pedido ayuda?

14. ¿Adónde había ido Colón después de salir de Portugal?

15. ¿Tendría usted valor suficiente para hacer un viaje en un mar desconocido?

16. ¿Era español Colón?

17. ¿De dónde era?

18. ¿Creía Colón que descubriría un continente nuevo?

19. ¿Qué creía que estaba al otro lado del Atlántico?

20. ¿Qué había obtenido de Portugal, de Génova y de Inglaterra?

109. COMPOSICIÓN

LAS IDEAS DE HACE CUATROCIENTOS AÑOS.

LECCIÓN VIGÉSIMA SEGUNDA

110. LECTURA

CRISTÓBAL COLÓN

(Conclusión)

En España Colón tuvo que esperar largos años antes de conseguir el favor de los reyes. El pobre hombre estaba desesperado y estaba para ir a Francia a buscar ayuda allí, cuando Isabel mandó llamarle y le dijo que ella le daría el dinero necesario.

¡Qué gusto no tendría Colón cuando, después de tantas dificultades, fué bien recibido y ayudado por los reyes Fernando e Isabel! Al fin podía hacer el viaje que tanto había deseado.

El día tres de agosto de mil cuatrocientos noventa y dos (1492) salió de Palos, pequeño puerto de España, con tres buques pequeños para empezar el viaje que daría a España gran parte de dos continentes hasta entonces desconocidos y cuya existencia ni se sospechaba siquiera.

Durante el viaje tuvo Colón muchas dificultades con los marineros, que tenían miedo y querían volver a España.

Colón se arrodilló en la playa

Al fin, la mañana del viernes, doce de octubre de mil cuatrocientos noventa y dos, fecha muy importante de la historia del Nuevo Mundo, llegó Colón a una pequeña isla. Era la de Guanahaní.

El viaje desde España hasta la primera tierra donde hizo escala Colón había durado unos setenta días. Lo primero que hicieron Colón y sus compañeros fué arrodillarse en la playa y dar gracias a Dios. Luego tomaron posesión de todas las tierras en nombre de los reyes de España. Aquel día Colón dió a España un nuevo imperio más grande que toda Europa, pero él mismo no lo sabía.

Después descubrió Cuba y Haití, y a ésta dió el nombre de Española. Volvió a España en marzo de 1493, sin saber que la tierra nueva no formaba parte del Asia sino de otro continente hasta entonces desconocido, donde más tarde vivirían millones de españoles, además de las otras naciones cuyos hijos formarían nuevas naciones como las de los Estados Unidos y del Brasil.

111. EJEMPLOS DE INFLEXIONES

EL PRETÉRITO DE ALGUNOS VERBOS

tener (42)

Yo **tuve** una peseta.
Usted (él o ella) **tuvo** un duro.
Nosotros **tuvimos** poco dinero.
Ustedes (ellos o ellas) **tuvieron** mucho dinero.

saber (41)

Yo **supe** la lección.   Nosotros **supimos** la lección.
Él **supo** la lección.   Ellos **supieron** la lección.

haber (impersonal) (2)

Hubo un libro sobre la mesa.
Hubo peces en el agua.

ser (7)

Yo **fuí** discípulo en la escuela.
Él **fué** discípulo en la escuela.
Nosotros **fuímos** discípulos en la escuela.
Ellos **fueron** discípulos en la escuela.

estar (8)

Yo estuve en la clase.   Nosotros estuvimos en la clase.
Él estuvo en la casa.   Ellos estuvieron en la casa.

tomar (3)

Yo tomé una naranja.   Nosotros tomamos unas naranjas.
Él tomó un huevo.   Ellos tomaron unos huevos.

112. EJERCICIO

A. Háganse diez preguntas más sobre la Lectura, que no sean duplicadas de las veinte del Cuestionario siguiente.

B. Háganse oraciones empleando los siguientes verbos en condicional:

tendría   daría   gustaría   sentiría   sería

C. Háganse oraciones empleando, primero en presente, luego en imperfecto, y después en pretérito, los siguientes verbos:

tener   saber   haber   ser   estar   tomar

D. Pónganse las fechas de los siguientes días:

1. Hoy es . . . . .
2. Ayer fué . . . . .
3. Mañana es . . . . .
4. Anteayer fué . . . . .
5. Pasado mañana es . . . . .
6. De hoy en ocho días es . . . . .

113. CUESTIONARIO

1. ¿Cómo fué recibido Colón por los reyes de España?

2. ¿Qué sentiría Colón al saber que al fin podía hacer su viaje?

3. ¿Cuál es la fecha más importante de la historia del Nuevo Mundo?   ¿por qué?

4. ¿Ya estaban conocidos los continentes del Nuevo Mundo?

5. ¿Qué dificultad tuvo Colón con los marineros en el viaje?

6. ¿Por qué querían volver los marineros?

7. ¿Cómo le gustaría a usted hacer un viaje en un océano desconocido? ¿Tendría usted miedo?

8. ¿Quién no tuvo miedo?

9. ¿Cuándo salió Colón de Palos para empezar su viaje?

10. ¿Cómo se llamaba la primera isla que Colón descubrió?

11. ¿Qué nombre dió a Haití?

12. ¿Qué otra isla descubrió en su primer viaje?

13. ¿Cuánto tiempo duró el viaje desde salir de España hasta volver allí?

14. ¿Cuánto duró el viaje desde salir de Palos hasta llegar a Guanahaní?

15. ¿Qué hicieron Colón y sus compañeros al llegar a tierra?

16. ¿Dónde se arrodillaron?

17. ¿Por qué dieron gracias a Dios?

18. ¿En nombre de quién tomaron posesión de las tierras nuevas?

19. ¿Sabía Colón el valor de su descubrimiento?

20. ¿Cuáles son los países del Nuevo Mundo que no fueron posesiones de España?

114. COMPOSICIÓN

1. EL PRIMER VIAJE DE COLÓN.
2. CRISTÓBAL COLÓN Y LOS REYES.
3. EL VALOR DEL DESCUBRIMIENTO.

En este mapa se ven los ríos y lagos más grandes de los Estados Unidos
y las sierras importantes

LECCIÓN VIGÉSIMA TERCERA

115. CONVERSACIÓN

— ¿Qué parte de la tierra está cubierta de agua?

— Como tres cuartas partes.

— ¿Cuáles son los océanos principales?

— El Atlántico y el Pacífico.

— Nómbreme usted algunos mares.

— El mar Mediterráneo, el Rojo, el Caribe.

— Dígame algunos golfos importantes que usted conozca.

— El golfo de Méjico y el de Vizcaya.

— ¿Qué bahías grandes se encuentran en la costa occidental de los Estados Unidos?

— La bahía de San Francisco y la de San Diego.

— ¿Existen lagos en los Estados Unidos?

— Sí, señor; y muy grandes. Hay varios; en el rte el lago Míchigan y el Superior son los mayores.

— ¿Cuáles son los ríos más grandes?

— En la parte central de Estados Unidos, el Misi- ; en la América del Sur, Amazonas; y en África, Nilo.

Un arroyo

— ¿Qué es un arroyo?

— Un río pequeño.

— ¿Es buena para beber el ua de la orilla de un río?

— No, señor.

— ¿Por qué no?

La orilla del río

— Porque contiene tierra.

— Cuando hay tierra en el agua, ésta está turbia; rra mezclada con agua se llama fango o lodo.

La calle está muy lodosa   Hay mucho polvo en el camino

s muy desagradable andar en las calles cuando y mucho lodo?

— Ya lo creo; por eso tenemos las calles asfaldas.

— ¿Le gusta andar en la calle cuando hay mucho polvo?

— No, señor; no me gusta. El polvo es muy molesto.

Un pozo Una estufa con su tanque de agua caliente

— ¿De dónde obtenemos el servicio de agua para nuestras casas?

— De los pozos, los ríos, los arroyos, etcétera; el agua pasa a un tanque o depósito de donde es conducida por medio de tubos a la casa para los varios usos domésticos.

— ¿Está fría o caliente el agua en los tubos?

— Generalmente está fría. La hay también caliente, y ésta es la que viene de un tanque de hierro galvanizado, situado junto a la estufa en la cocina.

— ¿De dónde recibe el agua el calor?

— Los tubos del tanque pasan por dentro de la estufa, donde hay fuego o lumbre.

Un fuego

116. PRÁCTICA EN EL USO DE LAS FORMAS

¿Le gusta el agua tibia para beber?

— No, señor; me gusta fría con hielo.

¿Qué quiere decir *agua tibia?*

— Es la que no está ni caliente ni fría.

¿Qué es el hielo?

— El hielo es el agua en estado sólido.

¿Va usted a la escuela todos los días o solamente algunos?

— No, señor; no voy los sábados ni los domingos.

El helero lleva un bloc de hielo

¿No va usted a ninguna escuela los domingos?

— Sí, señor; voy a la escuela dominical en la iglesia.

Manuel, vaya a la tienda por café; apresúrese, que se hace tarde.

— Está bien, señor; voy corriendo en este momento.

Espere un momento, Manuel; no se vaya todavía; ponga la mesa primero y váyase después.

Un paquete

¿Conoce usted al señor García?

— No, señor; no le conozco.

¿Conoce usted a alguien de la familia García?

— Sí; conozco al hijo mayor.

Señorita, permítame ayudarle con los paquetes.

— Gracias; no se moleste usted, caballero.

No es molestia alguna.

Es temprano; no se vayan ustedes todavía.

— Tenemos prisa; el tren sale a las nueve menos veinte, y bien sabido es que los trenes no esperan a nadie.

El tren

117. FRASES ÚTILES

Los terrenos están cubiertos de agua.
No encuentro mi libro; ¿sabe usted dónde está?
El agua no sirve para beber; está muy turbia.

¡Ya lo creo!	¿Adónde va usted?
Creo que viene.	¿De dónde viene?
Creo que sí.	Se hace tarde.
No creo que venga.	Se me hace tarde.

118. EJERCICIO

A. Pónganse los pronombres que faltan en las siguientes oraciones:

— Juan, ¿tiene usted una peseta?
— Sí, señor; a la disposición de usted.
— Dé . . . . a María.
— Con mucho gusto; tome . . . ., María.
— María, ¿quién tiene la peseta ahora?
— . . . . tengo, profesor.

— ¿Dónde .... consiguió usted?

— Juan .... dió.

— Juan, ¿qué hizo usted con la peseta?

— .... di a María.

— ¿Qué peseta .... dió usted?

— .... que tenía en la mano.

— María, ¿dónde tiene usted la peseta?

— .... tengo en la mano.

— Sírvase poner .... en la mesa.

B. Complétense las siguientes oraciones:

1. ¿Cómo está el .... que contiene tierra? — Está - - - - - -.

2. ¿Cómo se llama la - - - - - - mezclada con agua? — Se .... fango o - - - -.

3. ¿Cómo se llama la tierra que vuela el aire? — .... polvo.

4. ¿Es agradable - - - - - en las calles cuando hay lodo? — No, señor; es muy ....

5. ¿De qué .... es el tanque para agua caliente? — .... hierro galvanizado.

6. ¿Está - - - - el agua en el depósito de la cocina? — No, se-ñor; está - - - - - - - -.

La sopa está caliente

7. ¿.... gusta el agua tibia? — No, señor; no .... gusta.

8. ¿.... fría la sopa? — No, señor; .... caliente.

9. Manuel, no se .... todavía. — No me ....

10. ¿Va Vd. por tranvía o a pie? — Por tranvía, porque .... prisa.

11. No se .... usted, señora. — No es .... alguna.

119. CUESTIONARIO

1. ¿Qué parte de la superficie de la tierra está cubierta de agua?

2. ¿Cuáles son las divisiones naturales de la tierra?

3. ¿Cómo se llama la tierra que vuela por el aire?

4. ¿Cuál es el mar que está entre Europa y África?

5. ¿Dónde se encuentran el Misisipí, el Amazonas, el Danubio, la bahía de San Francisco, el golfo de Méjico?

6. ¿Qué diferencia hay entre el agua turbia y el lodo?

7. ¿Cómo está el agua en la orilla de un río?

8. ¿Cómo se calienta el agua para los usos domésticos?

9. ¿Cómo le gusta el agua para beber?

10. ¿Qué es el hielo?

LECCIÓN VIGÉSIMA CUARTA

120. CUESTIONARIO

Sobre el Mapa de la América del Sur

1. ¿Cuáles son los países que están al norte del ecuador?

2. ¿Cuántos países son atravesados por el ecuador? ¿cuáles son?

3. ¿Cuál es el país más grande del continente?

4. ¿Qué gran río atraviesa este país?

5. ¿Qué países se encuentran al norte del Brasil?

6. ¿Qué país está al noroeste? ¿cuál al oeste? ¿cuáles al sur y al sudoeste?

La América del Sur

7. ¿Cuáles son los puertos más importantes de la América del Sur? ¿Cuáles son los productos exportados de cada uno de ellos?

8. ¿Cuál es la ciudad más grande del continente? ¿Cuántos habitantes tiene?

9. ¿En qué países se habla el español?

10. ¿En cuál es el portugués el idioma?

11. ¿Qué otras lenguas se hablan en la América del Sur? ¿en qué países?

12. Hágase comparación entre el Brasil y los Estados Unidos del Norte en extensión, en número de habitantes y en la dirección del río principal.

13. Hágase lo mismo con la Argentina y los EE.UU.

14. ¿Cuál tiene mayor extensión del norte al sur, Chile o el Brasil?

15. ¿Por qué gran cordillera es limitado Chile al este?

16. ¿Cuáles son los países que no tienen puertos?

17. ¿Qué forma de gobierno tienen los países de la América del Sur?

18. ¿Qué gran lágo tiene más altitud? ¿Entre qué países está situado?

19. ¿Tiene la Argentina las mismas estaciones del año que los Estados Unidos? ¿Qué causa la diferencia?

20. ¿Qué países tienen clima caluroso y húmedo? ¿En cuáles hay clima muy seco y falta de lluvia?

21. ¿Cuál es la república más pequeña de la América del Sur?

22. ¿Qué istmo une la América Central con la América del Sur?

Cae mucha lluvia   Va a llover

3. ¿Qué canal atraviesa este istmo?

4. ¿A quién pertenece este canal?

5. ¿Qué república pequeña se encuentra este de Bolivia y al nordeste de la Argentina?

121. LECTURA

El Pobre de Luis

— Ayer Luis estaba enfermo. ¿Está enfermo hc

— No; hoy está muy bueno.

— ¿Qué come el niño?

— No come mucho; es muy pequeño ı para comer de todo. Toma sólo ıe con un pedazo de pan.

— ¿De qué se enfermó ayer el niño? (6)

— La criada le dió un pedazo de ıana y la criatura lo comió. (33 y 4)

Luis comió
pedazo (
banana

— ¡Pobre de Luis! Qué mala la criada, ¿eh?

— No; no es mala; es buena, pero ignorante.

— ¿No come el niño arroz con leche?

— Muy poco.

— ¿Van a la escuela los otros niños?

— Sí, señor; Juan va a la escuela de niños y Ma
, de niñas.

— ¿No van a la misma escuela?

— No; van a diferentes escuelas.

María lleva al niño a ver la gallina y los pollos

— ¡Mira, Luis, los pollitos! ¡Qué bonitos s
mos a contarlos: uno, dos, tres, cuatro, cinco, s
e; son siete. Ayer tenía la gallina siete hue
su nido. Hoy tiene siete pollos; ¿los ves, Luis

— Sí, María; los veo.

— ¿Cuántos pollos negros hay?

— Hay dos.

— ¿Dónde está uno de los pollos negros?

— Está debajo de la gallina.

— Vamos a dar de comer a los pollitos. A
y arroz; Luis, dales el arroz. ¡Mira! A
ne a comer un pollo blanco.

— ¿Por qué no comen los demás pollos?

— No tienen hambre.   ¿Tienes tú hambre?

— Sí; tengo sed también.

· — Vamos a casa.

122. EJEMPLOS DE INFLEXIONES

El Presente de Algunos Verbos

pasar (3)

Paso delante de Vd.   Pasamos delante de Vds.

Pasa el pan.   Pasan el pan.

Juan se pone el sombrero   María se pone los zapatos

comer (4)

Como pescado.   Comemos pescado.

Come carne.   Comen carne.

vivir (5)

Vivo en Nueva York.   Vivimos en Nueva York.

Vive en Boston.   Viven en Boston.

poner (39)

Me pongo el sombrero.   Nos ponemos los sombreros.

Se pone los zapatos.   Se ponen los zapatos.

dar (33)

Le doy pan.	Le damos pan.
Les doy pan.	Les damos pan.
Me da leche.	Me dan leche.
Nos da leche.	Nos dan leche.

ir (36)

Voy a Madrid.	Vamos a Madrid.
Va a París.	Van a París.

venir (44)

Vengo de la Habana.	Venimos de la Habana.
Viene de Méjico.	Vienen de Méjico.

123. CUESTIONARIO

1. ¿Cómo se llaman los padres (padre y madre) de los muchachos Juan, María, Anita y Luis?
2. ¿Cuándo estuvo malo Luis?
3. ¿Cómo está hoy?
4. ¿Qué come el niño?
5. ¿De qué se enfermó Luis?
6. ¿Es mala la criada?
7. ¿A los niños pequeños es bueno darles a comer bananas y otras frutas?
8. ¿Le dió la criada la banana para enfermarle?
9. ¿Cuándo se la dió? (33)
10. ¿Tiene usted un hermanito?
11. ¿Come fruta?
12. ¿Con qué come usted el arroz?
13. ¿Van Juan y María a la misma escuela?
14. ¿A qué escuela va María?
15. ¿Quién llevó a Luis a ver los pollitos?

16. ¿Cuántos pollos había? ¿de qué colores?

17. ¿Quién los contó? (12)

18. ¿Había pollos ayer?

19. ¿Cuántos huevos tenía ayer la gallina en el nido?

20. ¿Cuántos pollos vinieron a comer arroz?

124. COMPOSICIÓN

1. La América del Sur.
2. Luis y los Pollitos.
3. La Criada Ignorante.

LECCIÓN VIGÉSIMA QUINTA

125. CONVERSACIÓN

— En español, cuando se refiere a la temperatura de las substancias, se dice que *están* frías o que *están* calientes. De las personas se dice que *tienen* frío o *tienen* calor. ¿Tiene usted calor?

— No, señor; no tengo ni calor ni frío; estoy muy a gusto, gracias.

— Cuando nos referimos al estado de las substancias según la cantidad de agua que han absorbido, se dice que están secas o húmedas o mojadas. ¿Cómo está el aire que viene del mar?

— Está húmedo.

Juan tiene calor

— ¿Es el agua del mar dulce o salada?

— Es salada; el agua de los ríos es dulce.

Vacío   Casi vacío   Medio lleno   Casi lleno   Lleno

— ¿Cuál de los dos es más hondo, un océano o un lago?

— Un océano es más hondo. Los lagos son de poca profundidad. Hay partes del océano Pacífico tan profundas que no se puede encontrar el fondo.

— ¿Sirve para beber el agua del mar?

— No, señor; no sirve por la sal que contiene.

— ¿En qué se bebe el agua?

— En un vaso de vidrio.

— Si el vaso contiene toda el agua posible se dice que está lleno. ¿Qué es lo contrario de *lleno?*

— *Vacío.*

El vaso que no está enteramente vacío o enteramente lleno se dice que está casi vacío o casi lleno. Según la cantidad de líquido que contiene el vaso se dice de éste que está vacío, casi vacío, medio lleno, casi lleno o lleno. ¿Cuáles son los verbos correspondientes?

— Vaciar y llenar.

— ¿Qué otros verbos se usan con referencia al agua?

— Mojar, nadar, secar, caber.

— Cuando un vaso está enteramente lleno, se dice que no cabe más agua en él; cuando hay un lleno en el teatro, se dice que no cabe más gente

(personas).   Cuando los amigos de usted quieren
llevarle a paseo en un automóvil de cinco pasajeros,
pero en el que hay ya siete personas, ¿qué dice
usted?

— Entonces digo: "Muchas gracias, amigos, pero
no quepo; el auto está ya lleno."

Antonio no cabe en el auto

126. PRÁCTICA EN EL USO DE LAS FORMAS

— El automóvil está lleno, no quepo. (31)

— Al contrario, señorita; en el asiento de atrás caben
tres y no hay más que dos, María y Sara.   ¿Verdad que
hay lugar, María?

— ¡Oh, sí! súbase usted, señorita, hay bastante lugar.

— ¡De veras! las tres cabemos muy bien.   Es muy
cómodo este auto.   Estoy muy a gusto aquí.

— Creo que Juan ha salido bien en todos sus exámenes.

— ¡No cabe duda! es uno de los mejores alumnos de
la clase.

— ¿Cuál es el que tiene las peores notas?

— En nuestra clase no hay peor; todos somos buenos
alumnos.

— Creo que Adolfo nó haya salido bien en sus exámenes.

— ¿Por qué dice usted eso?

— Porque le conozco; es muy perezoso.

— Aun así; no debe decirlo.

— De veras; también puede ser que este año haya estudiado más.

127. EJEMPLOS DE INFLEXIONES

El Imperfecto de Algunos Verbos

pasar (3)

Pasaba delante de Vd.	Pasábamos delante de Vds.
Pasaba el pan.	Pasaban el pan.

comer (4)

Comía pescado.	Comíamos pescado.
Comía carne.	Comían carne.

vivir (5)

Vivía en Nueva York.	Vivíamos en Nueva York.
Vivía en Boston.	Vivían en Boston.

poner (39)

Me ponía el sombrero.	Nos poníamos los sombreros.
Se ponía los zapatos.	Se ponían los zapatos.

dar (33)

Le daba pan.	Le dábamos pan.
Les daba pan.	Les dábamos pan.
Me daba leche.	Me daban leche.
Nos daba leche.	Nos daban leche.

ir (36)

Iba a Madrid.	Íbamos a Madrid.
Iba a París.	Iban a París.

venir (44)

Venía de la Habana.	Veníamos de la Habana.
Venía de Méjico.	Venían de Méjico.

128. FRASES ÚTILES

Tengo hambre.	Tengo miedo.	Tengo sed.
Tengo calor.	Tengo prisa.	Tengo frío.

Está caliente.	Está tibio.	Está frío.
Está lleno.	Está medio lleno.	Está vacío.
Está casi lleno.	Está medio vacío.	Está casi vacío.
Está mojado.	Está húmedo.	Está seco.

Falta mucho.	Falta poco.	No falta nada.
No hace falta.	Le hace falta.	Me hace falta.

No cabe.	No cabe más.	No cabe duda.

Es necesario que lo haga.	Es preciso que venga.

129. EJERCICIO

A. Pónganse adjetivos a las siguientes frases:

La esponja está	El arroyo está ....
El océano es	La botella está ....
El vaso está	El agua está ....

B. Complétense las siguientes oraciones:

1. ¿Una esponja puesta en el agua queda ....?
   — No, señor; se moja.
2. ¿Cómo queda la .... que se saca del agua?
   — Queda ....
3. ¿Es .... el agua de la mar?

Una esponja seca y una esponja mojada

   — No, señor; es ....
4. ¿.... Vd. frío?
   — No, señor; al contrario, ... calor.

5. ¿Está .... la botella del vinagre?
   — No, señor; está casi ....
6. ¿Sabe usted ....?
   — No, señor; tengo miedo al agua.
7. ¿Irá usted con sus compañeros en el automóvil?
   — No, señor; ya son cinco personas y yo no
   — — — —
8. ¿Por qué no pone usted más agua en la botella?
   — Porque está ....; ya no le .... más.

130. CUESTIONARIO

1. ¿Cuál es el estado de la esponja después de absorber agua?

2. ¿Por qué no se bebe el agua del mar?

3. ¿Es mucha la profundidad del mar?

4. ¿Cuál es el océano más profundo?

Se exprime el agua de la esponja

5. ¿Qué significan *casi vacío* y *medio lleno?*

6. Si se exprime una esponja mojada, ¿se queda ésta seca?

7. Si se pone toda la fruta posible en un plato, ¿cómo queda el plato?

8. Cuando el público es tan numeroso que llena el teatro, ¿qué se dice de éste?

9. ¿Cuál es la frase que empleamos para indicar que una cosa es muy cierta o que no existe ninguna duda sobre ella?

10. ¿Con qué verbo expresamos el calor o el frío que sentimos?

11. ¿Con cuál indicamos la condición de la sopa en cuestión de calor?

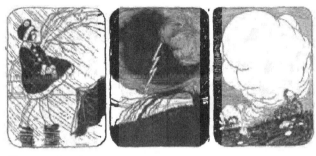

Hace mucho viento   El relámpago   Una nube

LECCIÓN VIGÉSIMA SEXTA

131. CONVERSACIÓN

— El viento es el aire en movimiento. ¿De dónd
pla el viento hoy?

— Del norte, y hace mucho frío.

— ¿Cuándo hace calor?

— En agosto, cuando sopla viento del sur.

— ¿Qué es un huracán?

— Un huracán o ciclón es un viento muy fuerte.

— ¿Qué es una tormenta?

— Una tormenta es una tempestad acompañad
mucha agua, truenos, rayos y relámpagos. F
por de la evaporación constante de las aguas de
ar, de los lagos y de los ríos asciende (10) ε
lo y forma masas de vapor que se llaman nube
ando hay un cambio o variación de temperatur
las nubes se enfrían, el vapor se condensa en agu
ésta cae sobre la tierra. ¿Cómo se llama el agu
e cae de las nubes?

La niebla   Cae la nieve

— Se llama lluvia. Cuando la lluvia cae (32) se dice que llueve.

— ¿Llueve ahora?

— No, señor; al contrario, brilla el sol.

— Sí; pero hay unas nubes hacia el este, y parece que va a llover. (13)

— No entiendo. (10)

— *Va a llover* significa que está para llover. ¿Adónde va usted a pasar las vacaciones?

— No sé si voy a pasarlas en San Francisco o en la Habana.

— A veces, encima del agua del mar y de los lagos, ríos, etc., aparece una masa de vapor que se llama neblina. Cuando es muy espesa se llama niebla.

— ¿Qué es la nieve?

— La nieve es la lluvia misma, la cual al caer por el aire frío se congela y cubre la tierra de blanco.

— ¿Qué es el rayo?

— El rayo o relámpago es la luz viva que se ve en el cielo antes de oír el trueno. Primero se ve o per-

cibe el relámpago, después se oye (37) el trueno.
¿Con qué se percibe la luz?

— Con los ojos.

— ¿Con qué órgano se percibe el trueno?

— Con el oído.

132. PRÁCTICA EN EL USO DE LAS FORMAS

¿Hace frío?

— No, señor; no hace ni frío ni calor; hace una temperatura muy agradable.

¿Llueve? (13)

— No, señor; no hay ni una sola nube en el cielo.

¡Oiga usted (37) las campanas! ¿Qué sucede? ¿No las oye usted?

— Sí, señor; las oigo; hay un incendio.

La campana

¿Dónde? ¿Lo ve usted?

— No; no lo veo, pero parece que está enfrente a juzgar por la dirección en que corre la gente.

Aquí todos los días oímos llamadas y vemos pasar a los bomberos.

— Ya vuelven los bomberos; sin duda fué una falsa alarma. No hubo incendio.

Los bomberos   El incendio

133. EJEMPLOS DE INFLEXIONES

EL PRETÉRITO DE ALGUNOS VERBOS

pasar (3)

Pasé delante de Vd.
Pasó el pan.

Pasamos delante de Vds.
Pasaron el pan.

comer (4)

Comí pescado.
Comió carne.

Comimos pescado.
Comieron carne.

vivir (5)

Viví en Nueva York.
Vivió en Boston.

Vivimos en Nueva York.
Vivieron en Boston.

poner (39)

Me puse el sombrero.
Se puso los zapatos.

Nos pusimos los sombreros.
Se pusieron los zapatos.

dar (33)

Le di pan.
Les di pan.
Me dió leche.
Nos dió leche.

Le dimos pan.
Les dimos pan.
Me dieron leche.
Nos dieron leche.

ir (36)

Fuí a Madrid.
Fué a París.

Fuimos a Madrid.
Fueron a París.

venir (44)

Vine de la Habana.
Vino de Méjico.

Vinimos de la Habana.
Vinieron de Méjico.

134. FRASES ÚTILES

A veces.
Raras veces.
Sin duda.
Parece que sí.
Parece que no.

¿Qué sucede?
Hace calor.
Hace frío.
Hace mucho aire (viento).
¡Qué viento hace!

¡Qué calor hace!
¡Qué frío hace!
¡Oiga usted!
Va a llover.
Está para llover

135. EJERCICIO

A. Exprésese en español el deseo de comer y de beber; también lo que sentimos de frío, de calor y de miedo.

B. Exprésense en español las condiciones del tiempo, referentes al calor, al frío y al viento.

C. Complétense las siguientes:

1. ¿De dónde .... el viento? — .... del ....
2. ¿Quién .... a Europa? — Yo .... en agosto.
3. ¿.... mucho frío? — No mucho, pero hay un .... fresco.
4. ¿Cuándo se oye el ....? — Después que se .... el relámpago.
5. ¿Está lloviendo? — No, señor; pero hay mucha n – – – – – –.
6. ¿Les tiene Vd. miedo a los rayos? — No, señor; no .... miedo.
7. ¿Cómo se llama el agua que .... de las nubes? — Se ....
8. ¿.... a llover? — Parece que sí; hay muchas nubes negras.
9. ¿Está .... llover? — Parece que no; en este mes raras veces llueve.
10. ¿.... lloviendo? — Ya no.

136. CUESTIONARIO

1. ¿Qué es la neblina?
2. ¿Qué es la niebla?
3. ¿De dónde sopla el viento?
4. ¿Hace calor o hace frío?
5. ¿Qué es un huracán? ¿un ciclón? ¿una tormenta?

6. ¿Qué sucede con el vapor que se forma encima del agua del mar, de los lagos, etcétera?

7. ¿Qué es la lluvia, el trueno, el relámpago?

8. ¿Está lloviendo ahora? ¿Va a llover?

9. ¿Adónde va usted a pasar las vacaciones?

10. ¿Cuál de los dos se percibe primero, el rayo o el trueno?

LECCIÓN VIGÉSIMA SÉPTIMA

137. CONVERSACIÓN

— ¿Es el oído lo mismo que la oreja?

— No, señor; el oído es el órgano dentro de la cabeza; la oreja está fuera.

— ¿Tiene usted buen oído para la música?

Luis hace
mucho ruido

— No tengo muy buen oído, pero me gusta mucho la música, especialmente la de las canciones.

— ¿Qué canciones conoce usted? (**17**)

— Conozco muy pocas, entre ellas *La Golondrina* y *La Paloma*.

Un hombre sordo

Una niña ciega

— La música es un sonido agradable. ¿Qué es el ruido?

— Es un sonido molesto o desagradable.

— ¿Oye usted bien? (**37**)

— No, señor; soy algo sordo, y no oigo (**37**) los sonidos leves.

— ¿Cómo se llama la persona que no ve?

— Ciego.

A Juan le cogió una lluvia fuerte y al volver a casa se calentó para evitar un resfriado. Pero no escapó; cogió un resfriado y ahora tiene dolor de cabeza y está muy malo.

— ¿Qué sucede cuando uno está en la calle y le coge una lluvia fuerte?

— Se moja.

— Sí; y se dice que se está hecho (**35**) una sopa. Cuando uno se moja así y hace frío, es preciso o necesario volver (**13**) a casa, quitarse la ropa mojada y ponerse ropa seca. También es bueno calentarse para no coger un resfriado o catarro. ¿Cómo se siente (**22**) uno cuando tiene un resfriado o catarro fuerte?

— Se siente muy molesto.

— Sí; oye y huele (14) con dificultad, y además le duele la cabeza.

— No comprendo.

— Uno de los efectos de un resfriado o catarro es una sensación desagradable en la cabeza, que llamamos dolor de cabeza. El verbo correspondiente a *dolor* es *doler*, presente *duele* (14). Si se come fruta verde, duele el estómago.

A Luis le duele el estómago

El verbo *doler* es irregular, como también *sonar*, que significa producir sonido; por ejemplo, un trueno fuerte suena (12) como una descarga de artillería.

El estado de la atmósfera, o el tiempo, muchas veces es la causa de nuestras enfermedades, como por ejemplo, los resfriados, pero la mayor parte de ellas tienen su origen en nuestro propio descuido. ¿Qué tiempo hace?

— Muy bueno, hace actualmente un tiempo magnífico.

— La palabra *tiempo* también se refiere a la duración de las cosas; por ejemplo: *En tiempo de Luis XIV de Francia; No hay tiempo para preparar la lección*, etc.; pero el tiempo en este sentido, ya lo hemos estudiado en otra lección. ¿Cuánto tiempo dura la lección?

— La duración de la clase es de una hora.

— ¿A qué hora empieza o comienza la clase? (9)

— Empieza a las once.

— ¿A qué hora acaba?

— Acaba o termina al mediodía, eso es, a las doce.

138. PRÁCTICA EN EL USO DE LAS FORMAS

¿Cómo se siente usted? (22)

— Me siento muy bien, gracias.

Y su señora madre, ¿se siente mejor?

— Sí, señor; se siente muy aliviada de su reuma.

Me alegro de saberlo. Salúdela de mi parte, y dígale (34) que espero tener el gusto de verla enteramente restablecida dentro de muy poco tiempo.

— Así lo haré; gracias.

María está aburrida; hace mal
tiempo y ella no puede salir

El hombre tiene reuma y por
eso no puede andar bien

¡Qué día tan malo! ¡Qué aburrida estoy!

— ¿Qué dice usted? (34)

Digo que es un día muy malo, y que estoy muy aburrida.

— ¿Por qué dice usted eso?

Porque pensaba ir a visitar a unas amigas y no puedo a causa del mal tiempo. ¡Es horrible!

— No debemos decir eso ni enojarnos contra el mal tiempo, por malo que sea. Debemos conformarnos con el tiempo que Dios nos da.

Ayer le di a usted un peso.   **Ayer le di a usted una peseta.**

¿Qué le di?   ¿Qué le di?
— Me dió usted un peso.   — Me dió usted una peseta.
¿Quién se lo dió?   ¿Quién se la dió?
— Usted.   — Usted.
¿A quién se lo di?   ¿A quién se la di?
— A mí.   — A mí.

Es mi libro.	Es un libro mío.	Es mío.
Son mis libros.	Son unos libros míos.	Son míos.
Es mi mesa.	Es una mesa mía.	Es mía.
Son mis mesas.	Son unas mesas mías.	Son mías.
Es su vaso.	Es un vaso suyo.	Es suyo.
Son sus vasos.	Son unos vasos suyos.	Son suyos.
Es su pluma.	Es una pluma suya.	Es suya.
Son sus plumas.	Son unas plumas suyas.	Son suyas.

139. FRASES ÚTILES

Vamos a ver.	¿Qué sucede?
Vámonos.	¿Qué sucedió?
Váyase usted.	¿Se dice que . . . .?
Ya me voy.	¿Qué dice usted?
Tengo dolor de cabeza.	Me duele la cabeza.

140. EJERCICIO

A. Complétense las siguientes frases:

1. ¿Es usted . . . .? — No, señor; oigo muy bien.
2. ¿Es usted . . . .? — No, señor; veo sin dificultad.
3. ¿. . . . ustedes la música? — Sí, señor; . . . . oímos
4. ¿. . . . ustedes el mosquito? — No, señor; no . . . .
vemos.

5. ¿Está comenzando la ....? — No, señor; .... concluyendo.

6. ¿Le duele la ....? — No, señor; no .... duele nada.

7. ¿A usted .... gusta la música? — Sí, señor; .... gusta muchísimo.

8. ¿A ustedes .... gusta el ruido del trueno? — No, señor; no .... gusta.

9. ¿Qué .... di a usted ayer? — Me .... una peseta.

10. ¿Quién .... la dió? — Usted .... la dió.

B. Constrúyanse oraciones empleando los imperativos de los verbos *calentar* (**9**), *empezar* (**9**), *comenzar* (**9**), *oír* (**37**), *ver* (**45**), e *ir* (**36**).

141. CUESTIONARIO

1. ¿Tiene usted buen oído para la música?

2. ¿Qué es la música? ¿el ruido?

3. ¿Qué significa ser sordo? ¿ciego?

4. ¿Qué sucede a uno cuando le coge un chaparrón o lluvia fuerte en la calle?

5. ¿Qué es lo que se observa a veces sobre el agua del mar y de los ríos?

6. ¿Qué es preciso hacer cuando uno se moja en una lluvia fría?

7. ¿Cómo se siente uno cuando tiene un catarro fuerte?

8. ¿Qué es el dolor de cabeza?

9. ¿Qué es el tiempo?

10. ¿Qué otra significación tiene la palabra *tiempo?*

LECCIÓN VIGÉSIMA OCTAVA

142. CONVERSACIÓN

— Hoy vamos a estudiar algo acerca de las frutas.
¿Qué es la sandía?

— La sandía es de la familia del melón,
pero más grande, de forma ovalada y por
dentro de color rojo.

— ¿Qué se hace de las uvas?

— Del jugo o zumo de la uva se hace
el vino; para hacer pasas se secan las
uvas al sol.

Una botella
de vino

— Y la piña, ¿qué es?

— La piña es fruta tropical,
algo semejante al fruto del pino,
pero mucho más grande.

— ¿Qué es el pino?

— Es un árbol.

— ¿Cuáles son las otras frutas?

— La manzana fué la fruta
que comieron Adán y Eva en el

El pino

Paraíso. La pera y la manzana pertenecen a la
misma familia y son algo parecidas, pero son de
diferente forma y sabor. La cereza es fruto del
árbol que cortó Jorge Wáshington en el jardín de
su padre; la ciruela es de la misma familia que la
cereza, pero mayor que ésta; el durazno o melocotón es más grande todavía, y para comerlo se
corta en pedazos y se sirve con azúcar y crema.

Una sandía　　Un racimo de uvas　　Una piña

Las pasas　　La col　　La manzana

El tomate　　La lechuga　　Las cerezas

Las ciruelas　　El durazno o melocotón　　Las cebollas

Un melón　　La patata　　Los frijoles o judías

— ¿Sirven para comer las frutas verdes?

— No, señor; únicamente las frutas maduras son buenas para comer.

— ¿Qué diferencia hay entre un jardín, una huerta y un huerto?

— En el jardín se producen generalmente flores. En una huerta se cultivan árboles frutales y en un huerto se producen legumbres o verduras como la judía o frijol, la lechuga, la cebolla, la col o repollo, y la patata, que en algunas partes se llama papa.

— ¿De qué color es el tomate maduro?

— Es colorado o rojo.

— Por dentro, el tomate tiene muchas semillas. ¿De qué color son las semillas del tomate y de qué color las de la sandía?

Semillas de sandía

— Las del tomate son amarillas; las de la sandía son negras.

— Generalmente sí, pero hay sandías cuyas semillas son de un color más claro. ¿Qué clase de terreno necesitan los tomates para su cultivo?

— Los tomates necesitan un terreno fértil, sin piedras, para que no sea (7) difícil su cultivo.

Piedras

— ¿Qué se necesita para hacer crecer las plantas?

— El calor, el cultivo y la humedad.

— ¿De dónde reciben el calor las plantas?

— Del sol.

— ¿Y la humedad?

— De las lluvias.

143. PRÁCTICA EN EL USO DE LAS FORMAS

Yo corto el pan con un cuchillo.

¿Qué hago? (35)

— Usted corta el pan.

¿Qué hago con el pan?

— Lo corta usted.

El cuchillo para
cortar el pan

¿Con qué lo corto?

— Con el cuchillo.

¿Quién lo corta?

— Usted.

Un tenedor, una cuchara y
una cucharita

¿Qué corto yo?

— El pan.

¿Cortan ustedes el pan con un serrucho?

— No, señor; lo cortamos con un cuchillo.

¿Cortó usted el cerezo del jardín?

— No, señor; no lo corté yo.

Un hachuela

¿Quién lo cortó?

— Jorge Wáshington.

¿Con qué lo cortó?

Un serrucho

— Con un hachuela.

¿Cortaron ustedes el cerezo?

— No, señor; no lo cortamos nosotros; quien lo cortó
fué Jorge.

¿De quién es el lápiz? — Es su lápiz de usted.

¿Y de quién es la pluma? — Es su pluma de usted.

¿Es el libro de María? — No; no es el libro de ella.

¿Es nuestro el perro? — No; no es el perro de ustedes.

¿Es de ellos la vaca? — No; no es la vaca de ellos.

¿Qué lápiz es éste?

— Es el suyo (el mío, el nuestro).

¿Qué pluma es ésta?

— Es la suya (la mía, la nuestra).

¿Qué lápices son éstos?

— Son los suyos (los míos, los nuestros).

¿Qué plumas son éstas?

— Son las suyas (las mías, las nuestras).

144. FRASES ÚTILES

¿Es verdad?   ¿Es cierto?

— Es verdad.   — Es cierto.

¿No es verdad?   ¿No es cierto?

— Sí, señor; es verdad.   — Sí, señor; es cierto.

Me falta dinero.   Me hace falta algo.

145. EJERCICIO

A. ¿Cuáles son los números que suman:

catorce	diecisiete	veinticinco	dieciséis
veintinueve	dieciocho	treinta	veintidós

B. ¿Cuáles son los números que multiplicados dan como producto:

veinte	veintiuno	veintidós	veinticuatro
veinticinco	veintiséis	veintisiete	treinta

C. Complétense las siguientes oraciones:

1. ¿A qué sabe la medicina? — . . . . a quinina.

2. ¿. . . . bien la limonada sin azúcar? — No, señor; . . . . mal.

3. ¿Con qué . . . . Jorge Wáshington el cerezo? — Lo . . . . con una pequeña hachuela.

4. ¿En . . . . estaba el cerezo? — Estaba en el . . . . de su padre.

5. ¿Para qué estud - - usted la lección? — La estud - - para aprender - -.

6. ¿Por qué estud - - usted la ....? — La estud - - porque si no lo hago recibo malas notas en el libro del profesor.

7. ¿Crece bien la planta sin el ...., el .... y la ....? — No, señor; la planta necesita ......

8. ¿A usted .... hace falta algo? — Sí; .... hace mucha falta una navaja.

9. ¿Qué .... de las uvas? — .... pasas y vino.

10. ¿.... qué sirve el agua? — Sirve para ...., para .... y para nadar.

Una navaja medio abierta

146. CUESTIONARIO

1. ¿Cuáles son las legumbres de más consumo?

2. ¿Qué son las pasas?

3. ¿De dónde recibimos el calor?

4. ¿Quién fué "Padre de su patria"?

5. ¿Qué se necesita para hacer crecer las plantas?

6. ¿Cuál es la fruta que se corta en pedazos y se come con azúcar y crema?

7. ¿Cómo está la fruta que es buena para comer?

8. ¿Cómo está una cosa que no está seca?

9. ¿Qué fruta es de la misma familia que la manzana?

10. ¿Cómo se seca un pañuelo mojado?

11. ¿Cuántas cucharaditas de azúcar toma usted en el café?

12. ¿Qué comió el pobre de Luis que le dió dolor de estómago?

LECCIÓN VIGÉSIMA NONA

147. CONVERSACIÓN

— En la lección anterior hablamos de varias legumbres y verduras. ¿Cómo le gusta a usted más la lechuga, sola o en ensalada?

— Me gusta de ambos modos, pero más en ensalada.

Ensalada

— ¿De qué se hace la ensalada?

— Se hace de lechuga o de col con aceite y vinagre y un poco de sal.

— ¿No se hace también de tomate?

— Algunas veces, pero con más frecuencia de lechuga.

— ¿Cómo le gustan las patatas, fritas o cocidas?

Una lata de aceite

— Me gustan más cocidas. No me gusta la comida frita; es difícil de digestión.

Patatas cocidas y patatas fritas

— Muy cierto, y es la causa de muchas enfermedades del estómago.

— Nos quedan por aprender algunos de los números. ¿Sabe Vd. contar de diez en diez a ciento?

— Sí, señor; diez, veinte, treinta, cuarenta, cincuenta, sesenta, setenta, ochenta, noventa, ciento.

— Cuente usted de ciento en ciento hasta mil.

— Ciento, doscientos, trescientos, cuatrocientos, quinientos, seiscientos, setecientos, ochocientos, novecientos, mil.

— ¿Tiene Vd. cincuenta centavos?

— Sí, señor.

— Haga el favor de darme cuarenta y cinco. ¿Cuántos centavos le quedan?

— Me quedan cinco.

— Déme ahora los cinco centavos. ¿Cuántos centavos le quedan?

— No me queda ningún centavo.

— Si usted gasta todo el dinero que tiene, ¿cuánto le queda?

— No me queda nada.

A Juan no le queda nada

148. CUESTIONARIO

1. ¿Le gusta a Vd. el aceite?
2. ¿Cómo le gustan a Vd. los huevos?
3. ¿De qué se hace la ensalada?
4. ¿Para qué sirve el aceite de oliva?
5. ¿Le gustan las aceitunas u olivas?

Olivas o aceitunas

149. LECTURA

Los pollitos corren hacia donde está la madre.
Allí viene un gato.
¿Qué quiere el gato?
Tiene hambre y quiere comerse un pollo.

Todos los pollitos menos uno corren hacia la madre

La pobre madre se asusta; tiene miedo de que el gato se coma sus pollitos y los llama: ¡brrr.....! ¡clo! ¡clo! ¡clo!

Los pollos ven el gato y corren hacia la madre, todos menos uno que no ve el gato.

— ¿Por qué no corre este pollo hacia su madre cuando ella lo llama?

— Porque corre tras un insecto que quiere cogerlo y comérselo.

— ¿Y lo coge y se lo come?

— Sí; entonces ve el gato y corre como una flecha hacia su madre, pero ya es tarde. El animal lo coge y se lo lleva para comérselo.

Al día siguiente:

— María, ayer había siete pollos; hoy no veo más que seis. ¿Dónde está el otro?

— ¡Oh, Adela! un gato grande lo cogió, y se lo llevó.

— ¡Qué lástima! ¿Cuándo fué?

— Ayer por la tarde.

El gato coge un pollito

— ¿Adónde se lo llevó?

— No sé; el gato corrió al jardín.

—Seguro que allí se lo comió. ¡Pobre pollito! No llores más, María. El gato no se llevó los pollos negros ni los demás blancos; no falta más que uno. No llores más; vamos a darles de comer a los pollitos. ¿Qué les daremos?

— Les daremos arroz. Tienen mucha hambre los pollitos.

150. PRÁCTICA EN EL USO DE LAS FORMAS

El pan es **bueno.**
Es **mejor** con mantequilla.
Pero el pan tostado con mantequilla es **el mejor.**

Es **malo** no tener dinero.
Es **peor** estar enfermo.
Pero **lo peor** es no tener dinero y estar enfermo.

Gran parte de los habitantes son chinos.
Mayor parte son japoneses.
Pero **la mayor** parte son europeos.

Málaga es un puerto de **mucha** importancia.
Cádiz es de **más** importancia todavía.
Pero **el** puerto **más** importante es Barcelona.

Topolobampo es puerto de **poca** importancia.
De **menor** importancia todavía es Agiabampo.
Pero el puerto de **la menor** importancia es Mulege.

Juan es **mayor** que María.
María es **menor** que Juan.

Antonio es el hijo **mayor** de la familia.
Su hermano **menor** es Juan.

Venga usted **lo más** pronto posible.

La casa nueva va a costar por **lo menos** diez mil duros.

¿Dónde vive usted? — Vivo en una casa.

¿A quién pertenece la casa? — Pertenece a nosotros.

¿Es casa propia, verdad? — Sí; es nuestra.

¿Es de ustedes la casa de enfrente? — Sí; también.

¿Qué hacen con la casa de enfrente? — La tenemos alquilada.

Se alquila la casa

¿A quién? — Al señor Villareal.

¿Cuánto es el alquiler de la casa? — Cincuenta dólares al mes.

¿Se parecen la pera y la manzana?

— Sí, señor; son de la misma familia.

¿Lola y Manuela se parecen?

— Sí, mucho; son hermanas.

¿Parezco yo alemán?

— No; usted tiene todo el tipo de un americano.

La señora es inglesa, ¿no es verdad?

— Parece.

Tengo la intención de estudiar francés el año que viene; ¿qué le parece?

— Me parece buena idea.

¿Tiene mucho dinero la familia que vive enfrente?
— Parece que sí; gastan mucho y viven muy bien.

¿Cuántos pollos tuvo usted? — Tuve seis.
¿Cuántos le quedan? — No me quedan más que dos.

¿Le gusta el chocolate? — Sí; me gusta mucho.
¿Le gustan las papas fritas? — No me gustan mucho.
¿Les gusta la comida del hotel? — No; no nos gusta.
¿Les gustan las novelas de Alarcón? — Sí; nos gustan mucho.

151. CUESTIONARIO

1. ¿Qué animal vino a coger los pollos?
2. ¿Qué quiso hacer el gato? (40)
3. ¿Por qué quiso coger un pollo?
4. ¿Quién se asustó?
5. Cuando la gallina tuvo (42) miedo de que el gato se le comiera los pollos, ¿cómo los llamó?
6. ¿Vieron todos los pollos al gato? (45)
7. ¿De qué color era el pollo que no lo vió? (45)
8. ¿Quién estaba corriendo tras un insecto cuando su madre lo llamó?
9. ¿Qué comió el pollo antes de obedecer a su madre?
10. Le costó caro; ¿por qué?
11. ¿Adónde se lo llevó el gato?
12. ¿Para qué se lo llevó?
13. ¿Quién vino a visitar a María el día siguiente?
14. ¿Qué le preguntó a María acerca de sus pollos?
15. ¿Qué contestó María?
16. ¿Cómo quedó María?
17. ¿Quién lloró por el pollo?

18. ¿Lloró también Adela?

19. ¿Quién consoló a María? (12)

20. En esta tragedia hubo dos víctimas; ¿sabe usted quiénes fueron? (7)

152. COMPOSICIÓN

La Historia del Pobre Pollito.

LECCIÓN TRIGÉSIMA

153. CONVERSACIÓN

— Sabemos ya lo que es un árbol; nos falta saber algo referente a los beneficios que proporciona. ¿Qué hay debajo de un árbol cuando brilla el sol?

— Hay sombra.

— María, ¿qué quiere decir *cobarde?*

— Un cobarde es un hombre que no tiene valor. El cobarde tiene miedo de su propia sombra.

Anita tiene miedo de su sombra

— Hay dos clases de árboles: los frutales y los silvestres. ¿Cómo se llama una colección o grupo grande de árboles silvestres?

— Se llama bosque y a veces monte. *Monte* también significa montaña. En Europa es famoso el Monte Blanco de los Alpes.

La casa está detrás de la colina

— Un cerro o colina es de menos elevación que una montaña. ¿Para qué sirven los árboles?

Juan trae leña

María enciende la vela

— Sirven para proporcionarnos frutos y maderas y también para dar al hombre y a los animales sombra cuando hace mucho sol.

— De los árboles se cortan los troncos y las ramas en pedazos para hacer lumbre. Estos pedazos o trozos colectivamente se llaman leña. ¿Qué es la lumbre?

— El fuego o lumbre es el resultado de la combustión de la leña.

— ¿Cómo se prende o enciende el fuego?

— Con un fósforo o cerilla.[1]

Fósforos

— ¿Cómo se llama el vapor negro que sale por la chimenea?

— Se llama humo. El humo del carbón de piedra es muy denso y negro.

Una sierra y un hacha

— ¿Con qué se corta la leña?
— Con un hacha o con una sierra.

[1] En Méjico se usa *cerillo*.

— El hacha corta con el filo. Cuando el hacha ha tenido mucho uso ya no corta bien; no tiene filo y hay que dárselo. El árbol tiene todavía otro uso; ¿cuál es?

— Nos proporciona el material para la construc- ción de casas y muebles.

Una tabla debajo de una viga   Una silla mecedora

— Las tablas, las vigas, etc., que se cortan del tronco del árbol se llaman colectivamente madera. La mayor parte de la madera es de pino. Los muebles son las cosas que tenemos en la casa para nuestro uso, como la mesa, la silla, etc. María, ¿no quiere usted sentarse en la mecedora?

— No, gracias; estoy muy a gusto aquí en el sofá.

— Para los postes de la línea telegráfica muchas veces se emplean palos de los troncos de árboles pequeños. Ya saben ustedes que se prende la lumbre con fósforo. A que no saben como se apaga.

— A que sí; ¿no se apaga con agua?

— Sí; eso es. Cuando una casa está ardiendo o quemándose, se dice que hay un incendio. ¿Qué hacen los bomberos cuando hay un incendio?

— Corren para apagar el incendio.

— ¿Con qué se apagan las llamas?

— Con chorros de agua.

María apaga la vela

154. PRÁCTICA EN EL USO DE LAS FORMAS

¿Ya comenzó la clase? (9)
— Parece que sí.
¿Ha pasado lista el profesor?
— Parece que no.

¿Hay demasiada humedad en la tierra?
— No, señor; al contrario, falta agua.
¿Está seca la tierra de las labores del agricultor?
— Demasiada; y **hay que** regarla.

¿Sabe usted la lección de aritmética?
— No, no la sé; **tengo que** estudiarla.
¿Saben ustedes la lección de geografía?
— No, no la sabemos; **tenemos que** estudiarla.
¿Sabe María la lección de música?
— No, señora; **tiene que** practicarla mucho todavía.

¿Le falta filo al hacha?
— Sí, señor; y **hay que** afilarla.

La vaca es un animal **grande**.
El caballo es **más grande** que la vaca.
El elefante es **el** animal **más grande** de todos.
El elefante es un animal **grandísimo**.

155. EJEMPLOS DE INFLEXIONES

ALGUNOS VERBOS IRREGULARES EN EL PRESENTE
DE INDICATIVO

hacer (35)

Hago una visita.	Hacemos una visita.
Hace un error.	Hacen algunos errores.

querer (40)

Quiero ir a España.	Queremos ir a España.
Quiere una limonada.	Quieren unas limonadas.

entender (10)

Entiendo la lección.	Entendemos el alemán.
Entiende la gramática.	Entienden lo que decimos.

sentarse (9)

Me siento en la mesa.	Nos sentamos en sillas.
Se sienta a mi lado.	Se sientan en el sofá.

mover (13)

Muevo una mano.	Movemos las manos.
Mueve un pie.	Mueven los pies.

VERBOS IRREGULARES EN EL PRETÉRITO DE INDICATIVO

hacer (35)

Hice una visita.	Hicimos una visita.
Hizo un error.	Hicieron unos errores.

querer (40)

Quise ir a España.	Quisimos ir a España.
Quiso una limonada.	Quisieron unas limonadas.

andar (29)

Anduve por el cerro.	Anduvimos por el cerro.
Anduvo por la calle.	Anduvieron por la calle.

156. FRASES ÚTILES

Falta uno de mis libros.	Me hace mucha falta.
Prenda usted la lumbre.	Encienda usted la vela.
Apague usted la lámpara.	Ponga usted carbón.
Se apagó la lámpara.	La leña está mojada.

Dispénseme usted la molestia.

— No es molestia ninguna.

Permítame molestarle un momento.

— No es ninguna molestia; al contrario, tengo much
gusto.

157. EJERCICIO

A. Ordénense en frases las siguientes palabras:

1. Cocidas, me, las, más, que, fritas, las, gustan, papas.
2. Centavos, más, no, que, quedan, me, cinco.
3. Propia, una, casa, que, la, pertenece, persona, a, es.
4. Modos, las, de, se, legumbres, varios, preparan.

B. Repítase de memoria en español la tabla de multiplicar:

1. El dos; por ejemplo: 2 por 2 son 4; 2 por 3 son 6, etc.
2. El tres. 3. El cuatro. 4. El cinco.

C. Complétense las siguientes oraciones:

1. ¿Qué – – – – de la chimenea?
   — De la chimenea . . . . el – – – –.
2. ¿Tiene Vd. – – – – – de su propia sombra?
   — No, señor; no tengo . . . ., soy muy valiente.
3. – – – – – – el favor de encender la lámpara.
   — Con mucho gusto.
4. ¿Con – – – – – enciende la vela?
   — Se – – – – – – – – con un fósforo o cerilla.
5. ¿Qué clases de carbón . . . .?
   — . . . . carbón vegetal y mineral o de piedra.
6. ¿Qué se . . . . del pino?
   — Del pino . . . . madera.
7. ¿Corta bien el . . . .?
   — No, señor; le falta . . . .
8. ¿Arde bien la . . . .?
   — No, señor; la . . . . está mojada.
9. ¿Con qué se . . . . filo al hacha?
   — Se le . . . . con una piedra.

Dando filo al hacha

10. ¿. . . . es más alta, una colina o una montaña?
    — Una . . . . es más alta.

158. CUESTIONARIO

1. ¿Qué hay debajo del árbol cuando brilla el sol?

2. ¿Qué es un bosque?

3. ¿Para qué sirve el árbol?

4. ¿Qué hay en la estufa?

5. ¿Está encendida o apagada la vela?

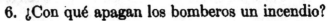

6. ¿Con qué apagan los bomberos un incendio?

7. ¿Con qué se cortan el pan y la carne?

8. ¿Cómo se llama el conjunto de tablas, vigas, etc., que entran en la construcción de una casa?

9. ¿Qué hay que hacer cuando le falta filo a un cuchillo?

10. ¿Está asegurada su casa contra incendio?

LECCIÓN TRIGÉSIMA PRIMERA

159. CONVERSACIÓN

— Ya sabemos algo del reino animal y del reino vegetal; nos quedan por aprender algunas cosas del reino mineral. ¿Qué diferencia hay entre el animal y la planta?

— El animal vive de las plantas, directa o indirectamente, mientras que las plantas viven de substancias minerales.

— ¿Y de qué viven los minerales?

— Los minerales no viven; no tienen vida: ésta

es precisamente la diferencia entre ellos y los animales y plantas.

— ¿De qué se compone el reino mineral?

— De muchas cosas: de metales, piedra, tierra,
agua, aire, etc.

— ¿Cuál es el metal más abundante?

— El hierro.·

— ¿Cuáles son los demás metales comunes?

— El níquel, el cinc, el cobre, el estaño, el alumi-
nio, etc.

— ¿Cuáles son los metales compuestos?

— El latón, compuesto de cobre y cinc;
el bronce, de cobre y estaño; y el acero,
de hierro y carbón.

— ¿Cuáles son los metales preciosos?

— Son el oro y la plata.

Una lata de
tomates

— ¿Qué es la hojalata u hoja de lata?

— La hojalata es una lámina u
hoja de hierro cubierta de estaño.

— ¿Para qué sirve la hojalata?

— Sirve para hacer latas para con-
servar las frutas, las legumbres, etc.

— ¿Para qué sirve el hierro galvanizado?

Una casa de hierro
galvanizado

— Sirve para techar las casas.

— ¿Para qué sirven el oro y la plata?

— Sirven en las artes para hacer adornos y en el
comercio, como dinero en forma de monedas.

— ¿Es de metal todo el dinero?

— No, señor; gran parte del dinero consiste en
billetes, que son de papel.

— ¿Qué es la peseta?

— La peseta es una moneda española de plata.
En España cinco pesetas hacen un duro.

— ¿Cuánto vale el real?

— El valor varía en diferentes países. En España
es de veinticinco céntimos de peseta o cinco centavos; en Cuba, de diez centavos; y en Méjico, de doce
centavos y medio, aunque no hay moneda mejicana
de este valor. El peso mejicano es de ocho reales.

— ¿Qué es el cambio?

— El cambio por un billete es la moneda menuda
o pequeña de valor equivalente.

— ¿Qué es el vuelto?

— El vuelto o vuelta es el dinero que el comerciante
nos devuelve cuando el valor del billete o moneda
que le damos está en exceso del
pago de alguna mercancía.

— ¿Tiene usted bastante dinero para comprar una bicicleta?

— No, señor; pero lo estoy
juntando para comprarme una.

Juan monta en bicicleta

— ¿Cuánto tiene usted ya?

— Tengo solamente cien pesetas.

— ¿Cuánto tiene que juntar todavía?

— Sesenta pesetas.

— ¿Cuánto dinero le da a usted su papá?

— Mi papá me da un duro cada ocho días, y mi
tío me da otro tanto.

— ¿Cómo? ¿Su tío le da tanto como su padre?

— Sí; yo trabajo todos los sábados en el despacho
de él.

— Bueno, entonces debe usted ahorrar la mitad de su dinero todas las semanas, ¿no le parece?

— Sí, señor; eso es lo que estoy haciendo, y dentro de muy poco espero poder comprar una bicicleta.

160. PRÁCTICA EN EL USO DE LAS FORMAS

Mi hermano es **tan alto como** el suyo. ¿Es su hermana **tan alta como** la mía?

— Sí; y más alta todavía.

Entonces mi hermana **no** es **tan alta como** la suya.

— No; **no** es **tan alta** la suya **como** la mía.

¿Tiene usted cinco duros?

— No, señor; no **tanto.** No tengo más que cuatro.

¿Da mucha leche la vaca inglesa?

— Sí; pero no **tanta** como la suiza.

¿Tiene usted muchos hermanos?

— No; no tengo **tantos** como Vd.

¿Tiene el señor Gutiérrez **tantas** vacas como Vd.?

— No; no **tantas.**

¿Vive usted en Nueva York?

— No, señor; pero tengo un hermano que vive **allí.**

¿Están con él **allí** los otros hermanos de Vd.?

— No, señor; ellos están **aquí** conmigo.

Y su hermana, ¿vive **allí** o **aquí?**

— También ella vive **aquí;** toda la familia, menos mi hermano mayor, vive **aquí** en esta ciudad.

¿Dónde está mi libro?

— **Aquí** está en la silla delante de mí.

¿Dónde está mi gramática?

— **Allí** en la silla, detrás de María.

Y mi diccionario, ¿dónde está?

— **Ahí** está sobre la mesa, al lado de Vd.

¿Dónde está la mesita?

— **Allá** está en el otro cuarto, junto a la puerta.

¿Cuántos años tiene su hermano **mayor**?

— Tiene treinta y dos; es casado y tiene dos niños.

¿Cuántos años tiene su hermano **menor**?

— No tiene más que cinco años; es muy pequeño todavía.

161. FRASES ÚTILES

Estoy juntando dinero para comprar ....

Voy a juntar dinero para Navidad.

Hágame el favor de darme la vuelta.

Hágame Vd. el favor de cambiarme ese billete.

Faltan cinco centavos.

¿Cuántos años tiene usted? — Tengo ....

Chicago no es tan grande como Nueva York.

¿Dónde está?
{
— Aquí está.
— Ahí está.
— Allí está.
— Allá está.
}

162. EJERCICIO

A. Repítase de memoria en español la tabla de multiplicar:

1. El seis. 2. El siete. 3. El ocho.

B. Divídanse las siguientes cantidades:

21 entre 7   32 entre 4   64 entre 8   8 entre 24

C. Réstense las siguientes cifras:

32 menos 14   54 menos 15   77 menos 17   98 menos 26

D. Complétense·las siguientes oraciones:

1. ¿. . . . qué sirve el oro?

— Sirve en las . . . . para hacer adornos y para monedas.

2. ¿Es de metal todo el dinero?

— No, señor; gran parte de él consiste . . . . billetes.

3. ¿Tiene usted . . . . de un peso?

— No, señor; . . . . menudo.

4. Si le pago a Vd. una cuenta de $17.65 y le doy $20.00, ¿cuánto me da Vd. de . . . .?

— Le . . . . $2.35.

5. ¿Cuántos . . . . hay en $2.50?

— Hay veinte.

6. Si usted manda cambiar un centén (moneda de oro del valor de veinticinco pesetas en España), y el sirviente le da únicamente cuatro duros y cuatro pesetas, ¿cuánto le . . . .?

— . . . . una peseta.

7. ¿Está usted . . . . dinero para comprar una bicicleta?

— No, señor; yo no . . . . dinero para comprar bicicletas; lo pongo en el banco.

8. ¿Quiere usted – – – – – – me este billete de cinco pesos?

— Con mucho gusto lo haría, pero no . . . . cambio.

9. ¿De qué metales se . . . . el latón?

— De cobre y . . . .

10. ¿De qué se compone el . . . .?

— Se . . . . de hierro y carbón.

163. CUESTIONARIO

1. ¿Qué diferencia hay entre el animal y la planta?

2. ¿Tienen vida las plantas, los animales y los minerales?

3. ¿Para qué sirven la hojalata y el hierro galvanizado?

4. ¿Para qué sirven el oro y la plata?

5. ¿Con qué objeto está Vd. juntando dinero?

6. ¿Cómo prefiere Vd. el dinero, en billetes o en efectivo?

7. ¿Compra Vd. las legumbres en latas o las compra frescas?

8. ¿Es el millonario pobre o rico?

9. ¿Cuál es el metal más abundante? ¿el líquido más abundante?

10. ¿Cuáles son los metales sencillos o no compuestos?

11. Nómbrense cinco cosas en las cuales se usan los metales preciosos.

12. ¿Cuál de los metales es el más duro?

13. ¿Cuál es el más blando, el cinc, el cobre o el estaño?

14. Juan tiene ya veinte dólares; ¿cuánto tiene que juntar todavía para comprar una bicicleta de primera clase?

164. COMPOSICIÓN

Juan y Su Bicicleta.

Carlos se acuesta

Carlos se levanta

LECCIÓN TRIGÉSIMA SEGUNDA

165. LECTURA

Carlos es un buen muchacho.

Siempre se acuesta a las ocho y media de la noche y se levanta a las seis y media o las siete menos cuarto de la mañana.

Una mañana al levantarse notó que tenía un diente flojo o suelto.. La madre quiso mandar a Carlos al dentista, pero Carlos tenía miedo y no quería ir. Dijo a su madre: (34)

— Mamá, usted puede (38) sacarme el diente, y no hay necesidad de ir al dentista.

— No puedo, hijo mío; mejor será que vayas allá.

— No, mamá; me hará mucho daño con los instrumentos.

— ¿No te duele el diente? (13)

— No, mamá; no me duele nada, y mañana estará tan flojo, que me lo sacará usted sin dificultad alguna.

Pero no ocurrió así. Al día siguiente la madre procuró sacarlo y no pudo (38). A Carlos le molestaba mucho el diente, pero no quiso ir al dentista, de modo que no dijo nada a su madre.

Al fin se le ocurrió un plan para quitarse el diente.

Se lo amarró con un hilo sujeto al tirador de una puerta cerrada.

Un carrete de hilo

Luego se sentó en una silla delante y esperó.

Necesitaba de todo su valor para permanecer firme y esperar el tirón que le iba a arrancar el diente.

¡Qué momentos más angustiosos pasó!

¿Quién abriría la puerta?

¿Cuánto tendría que esperar?

Le parecía una eternidad, pero al fin oyó pasos de una persona que venía de prisa. El pobre Carlos por poco no abandonó la silla, pero se dominó y quedó firme.

Dijo entre sí:

— Ahora, ¡valor!

Y agarró la silla con todas sus fuerzas.

Carlos agarra la silla y espera

Carlos enseña el diente a su madre

De repente se abrió la puerta. El diente voló como por encanto y Carlos no sintió (22) ningún dolor. Era la madre que venía en busca de su hijo.

El muchacho no bajó de su silla y corrió hacia su madre y enseñándole el diente le dijo:

— Mire, mamá; ¿no le dije que me lo iba a sacar usted?

166. PRÁCTICA EN EL USO DE LAS FORMAS

Este libro es mío; ¿de quién es **ese** libro *ahí* al lado de usted?

— **Éste** es mío.

Y **aquel** libro *allí* al lado de María, ¿de quién es?

— **Aquél** es de Juan.

Ésta es mi gramática; ¿de quién es **ésa** otra?

— **Ésta** es mía.

Y **aquélla**, ¿de quién es?

— **Aquélla** es de Juan.

Un lápiz es **largo**.
El otro es **corto**.

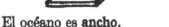

El océano es **ancho**.
El río es **angosto** o **estrecho**.

El diccionario es **grueso**.
El papel es **delgado**.

El señor Sánchez es **grueso** o **gordo**.
El señor Suárez es **delgado** o **flaco**.

Una casa es **vieja**.
Es un edificio **antiguo**.

La otra es **nueva**.
Es un edificio **moderno**.

La mujer es **anciana** o **vieja**.
La niña es **joven**.

167. EJEMPLOS DE INFLEXIONES

El Presente de Indicativo de Algunos Verbos

acostarse (12)

Me acuesto a las nueve.	Nos acostamos a las nueve.
Se acuesta a las diez.	Se acuestan a las diez.

levantarse

Me levanto a las seis.	Nos levantamos a las seis.
Se levanta a las siete.	Se levantan a las siete.

doler (13)

Me duele la cabeza.	Nos duele la cabeza.
Le duele un diente.	Les duele un diente.

decir (34)

Digo la verdad.	Decimos la verdad.
Dice lo que es cierto.	Dicen lo que es cierto.

Pretérito de Indicativo

Me acosté a las nueve.	Nos acostamos a las nueve.
Se acostó a las diez.	Se acostaron a las diez.
Me levanté a las seis.	Nos levantamos a las seis.
Se levantó a las siete.	Se levantaron a las siete.
Me dolió la cabeza.	Nos dolió la cabeza.
Le dolió un diente.	Les dolió un diente.
Dije la verdad. (34)	Dijimos la verdad.
Dijo lo que era cierto.	Dijeron lo que era cierto.

168. EJERCICIO

A. Repítase de memoria en español la tabla de multiplicar:

1. El nueve. 2. El diez.

B. Pónganse las palabras que faltan en las siguientes frases:

Carlos es un buen . . . .

. . . . se . . . . a las ocho y media de la . . . . y se . . . . a las siete y . . . . de la . . . .

Una mañana al . . . . descubrió que . . . . un diente flojo. La madre . . . . mandar a Carlos al . . . ., pero Carlos . . . . miedo y no . . . . ir.

. . . . a su madre:

— Mamá, usted . . . . sacarme el diente.

— No . . . ., hijo mío; mejor que . . . . allá.

— No, mamá; me . . . . mucho daño con los instrumentos.

— ¿No te . . . . el diente?

— No, mamá; no me . . . . nada y mañana estará tan flojo que me lo . . . . usted sin . . . . alguna.

Pero no . . . . así. ·Al día siguiente, la madre . . . . sacarlo y no . . . . A Carlos le . . . . mucho el diente, pero no quiso . . . . al dentista, de modo que no . . . . nada a su madre.

Se . . . . el diente con un hilo, ... al tirador de una puerta cerrada. Luego se . . . . en una silla delante y . . . .

. . . . de todo su valor, para . . . . firme y . . . . el tirón que le . . . . a . . . . el diente.

De repente se . . . . la puerta. El diente . . . . como por encanto y Carlos no . . . . ningún dolor. . . . . la madre que . . . . buscando a su hijo.

El muchacho se . . . . de su silla y . . . . a su madre. Enseñándole el diente le . . . .

—¿No le . . . ., mamá, que me lo . . . . a . . . . usted?

169. CUESTIONARIO

1. ¿A quién representa el grabado en página 159?
2. ¿A qué hora se acostó usted anoche?
3. ¿A qué hora se levantó Carlos?
4. ¿Qué descubrió Carlos al levantarse?
5. ¿Estaba flojo el diente la noche anterior?
6. ¿Le dolía mucho el diente? (13)
7. ¿Por qué no fué Carlos al dentista?
8. ¿Le lastimaría o haría mucho daño el dentista?
9. ¿Cuánto cobra el dentista por sacar un diente?
10. ¿Tenía Carlos dolor de muelas o le dolía algún diente de enfrente?
11. ¿Quién procuró sacarle el diente a Carlos?
12. ¿Qué instrumentos empleó la madre para sacarle el diente?
13. ¿Cómo estaba ese día el diente de Carlos?
14. ¿Por qué no le dijo nada Carlos a su madre?

(34)

15. ¿Con qué se amarró el diente?
16. ¿Dónde sujetó Carlos el hilo?
17. ¿Estaba la puerta abierta o cerrada?
18. ¿Cómo pasó Carlos los momentos de espera?
19. ¿Abandonó Carlos su asiento al oír pasos?
20. ¿Con qué palabras se dominó Carlos?
21. ¿Qué hizo al momento de esperar el tirón?
22. ¿Quién era la persona que vino a abrir la puerta?
23. ¿Qué sucedió al abrirse la puerta?
24. ¿Le dolió a Carlos el tirón? (13)
25. ¿Qué le dijo a su madre?

170. COMPOSICIÓN

Nuevo Método de Sacar Dientes o Muelas.

LECCIÓN TRIGÉSIMA TERCERA

171. CONVERSACIÓN

— Antonio, usted sabe algo de las costumbres del negocio y de las formas usuales de la correspondencia comercial, ¿verdad?

Una carta, un sobre y una tarjeta postal

—Sí, señor; algo he aprendido en el despacho de mi padre.

—¿Cómo podemos comunicarnos con personas en otras partes de la ciudad o en otras poblaciones?

—Nos comunicamos por medio del teléfono, del telégrafo, del correo o por mensajero.

—¿Cuál de estos modos es el más rápido?

—El telégrafo.

—¿Y cuál el más despacio?

—El correo.

—Cuando quiero comunicarme con otra persona a alguna distancia, le hablo por teléfono, le pongo telegrama, le escribo una carta o una tarjeta postal, o le mando un recado o una esquela por mensajero. ¿Qué diferencia hay entre un recado y una esquela?

—Un recado es un mensaje verbal; una esquela es uno por escrito; es decir, una carta corta.

El mensajero lleva una esquela

—Si se manda una carta a un amigo y no está en casa la persona a quien va dirigida, ¿qué hace el mensajero?

—En este caso deja la esquela con los sirvientes.

—¿Qué hace cuando está en casa la persona?

—Entrega la esquela, y espera la contestación, que trae luego.

—¿Tiene que esperar mucho el mensajero?

—Algunas veces, pero generalmente nada más que un rato.

—¿Quién es el mensajero con quien envía su padre los recados, las esquelas, etc.?

—Se llama Felipe; es un buen sujeto y muy cumplido.

—¿No pierde él a veces las cartas en camino?

—Nunca; es muy seguro, y siempre hace la entrega sin equivocarse en la casa.

El cartero

—Sin embargo, me acuerdo de que puso una vez debajo de la puerta de la casa vecina una carta que el padre de usted me había enviado.

—Es cierto. No me acordaba de esa circunstancia. La había olvidado por completo. Pero, ¿no se acuerda usted de cómo hizo la equivocación?

—¡Ah, sí! ya me acuerdo. Antes vivíamos en aquella casa, y hacía poco que nos habíamos cambiado. De modo que después de todo, Felipe no tuvo la culpa. De veras, es muy formal y muy seguro. Todo hombre se equivoca de cuando en cuando. Mas volvamos al asunto de las cartas. ¿Dónde se pone la fecha de una carta?

—Se pone al principio.

—¿Y la firma?

—Al fin de la carta.

—Después de escritas las cartas, ¿qué se hace con ellas?

Un sello.

—Se doblan y se ponen en un sobre. Se sella el sobre, se le pone un timbre o sello (en Méjico una estampilla) y se mete en el buzón de correos.

— Pero usted ha olvidado lo más importante.

— ¡De veras! Hay que poner en el sobre la dirección.

— Sí; y ésta se debe escribir bien clara, porque de otra manera la carta puede extraviarse. ¿Cómo se llama el hombre que entrega las cartas a domicilio?

— Cartero.

Se mete la carta en el busón

172. PRÁCTICA EN EL USO DE LAS FORMAS

¿Se acuerda (12) usted de aquel amigo de Antonio que estaba aquí hace dos o tres años?

— No; no me acuerdo de él.

¡Cómo no! Era alto y bien parecido. Siempre acompañaba a Antonio en sus paseos a caballo.

— ¡Ah, sí! ya me acuerdo; mas ha pasado tanto tiempo que por el momento no me acordé de él.

Pues yo también casi lo tenía olvidado. Lo encontré ayer en la calle, y en seguida me conoció. Está de vuelta de Europa.

Juan, déjeme usar su diccionario por un rato.

— Con mucho gusto; aquí está.

¿Cómo sucedió que Felipe dejó la carta en la casa vecina? ¿Se equivocó en la casa?

— No, señor; Felipe no se equivoca nunca. Era la casa en donde vivía usted antes, y él no sabía que había cambiado de domicilio.

¿Perdió Felipe la carta?

— No, señor; Felipe nunca pierde cartas.

¿Cuándo descubrió Colón la América?

— El 12 de septiembre de 1492.

No, señor; usted se equivoca en el mes; no fué en septiembre sino en octubre.

— De veras; me equivoqué. Siempre olvido las fechas.

¿Dónde está el amigo de Antonio?

— No sé; desde hace mucho no lo veo.

Hace mucho que no lo veo yo tampoco. ¿Dónde está?

— No sé; dicen que está en Europa.

173. EJEMPLOS DE INFLEXIONES

El Futuro de Indicativo de Algunos Verbos

pasar (3)

Pasaré a verlo mañana.

María pasará las vacaciones en California.

Pasaremos una semana en Nueva York.

Los soldados pasarán por esta calle.

comer (4)

Comeré a la una de la tarde.

¿Cuándo comerá usted?

Comeremos biftec con patatas fritas.

¿Qué comerán Vds.?

Un soldado

vivir (5)

Viviré más contento en la casa nueva.

Durante las vacaciones, ¿dónde vivirá Pedro?

Viviremos muy a gusto aquí.

¿Dónde vivirán Vds. el año que viene?

tener (42)

Tendré mucho gusto en verlo en mi casa.
Usted tendrá que estudiar la lección.
Tendremos mucho gusto en ir con ustedes.
Mañana los alumnos tendrán mucho que hacer.

hacer (35)

Haré lo posible por venir.
¿Qué hará Juan cuando salga de la escuela?
Haremos una visita a María.
Al salir de la escuela, ¿qué harán Vds.?

decir (34)

Le diré lo que me dijeron.
¿Qué dirá el profesor, si no sabemos la lección?
Le diremos que no teníamos tiempo.
¿Qué dirán los amigos al venir?

saber (41)

Sabré mañana si voy o no.
¿Cuándo sabrá Vd.?
Sabremos más mañana.
¿Sabrán los amigos dónde está?

174. FRASES ÚTILES

No tengo la culpa.
¿Desde hace cuánto no lo ve usted?
Hay que escribir claro la dirección.

Hace poco.	Hace mucho que no lo ve
Hace mucho.	Hace rato.
De vez en cuando.	De cuando en cuando.
Algunas veces.	Es decir.
Todo el mundo lo dice.	Una que otra vez.
Es un buen sujeto.	Por completo.

175. EJERCICIO

A. Cada una de las siguientes cantidades es el producto de la multiplicación de dos números; ¿cuáles son éstos?

48   99   125   225   825   49   81   121

B. Divídanse las siguientes cifras:

125 entre 25   51 entre 3   65 entre 5
80 entre 16   63 entre 7   72 entre 8

C. Dése apropiada colocación en las frases a las siguientes palabras:

— María, di, a, le, libro, un.   ¿Hice, qué?
— A, libro, usted, María, le, un, dió.
— ¿Con, hice, qué, libro, el?
— Dió, se, a, usted, lo, María.
— ¿Di, se, a, lo, quién?
— María, a.
— ¿Di, le, qué?
— Libro, un.

D. Complétense las siguientes:

1. ¿Se acuerd– usted cómo se llama el tío de Antonio?
— No, señor; no .... acuerd–.

2. ¿Dónde dej– mi sombrero?
— Usted .... dejó en el otro cuarto.

3. Creo que aquel hombre delgado es el señor García.
— No, señor; usted .... equi – – – –; es el señor Peña.

4. No encuen – – – mi libro en ninguna parte; creo que lo .... perdido.
— La semana pasada yo también .... el mío.

5. ¿Cuántos años .... que Colón descubrió la América?
— .... más .... cuatrocientos.

176. CUESTIONARIO

1. ¿Dónde aprendió Antonio las formas de la correspondencia comercial?

2. ¿Cuáles son los modos de comunicarnos con los amigos que están en otras partes?

3. ¿Cuál de estos modos es el más rápido?

4. ¿Cuál es el más despacio?

5. ¿Quién nos trae la correspondencia al domicilio?

6. ¿Se acuerda usted de los meses que tienen treinta y un días?

7. ¿Ha olvidado usted la lección de anteayer?

8. ¿No se equivoca usted nunca?

9. ¿Qué se hace con una carta después de escrita?

10. ¿Tiene usted escritas las cartas?

LECCIÓN TRIGÉSIMA CUARTA

177. LECTURA

LA GALLINA Y EL GAVILÁN

Ustedes saben la historia del diluvio, y cómo Noé salvó a los animales en el arca por él construída.

El arca de Noé

Pues bien; en aquel famoso viaje los animales se conocían, vivían en paz y armonía y se formaron amistades, algunas de las cuales duran haste el día de hoy. Otras, sin embargo, no duraron mucho.

Al abrir Noé las puertas del arca para libertar a los animales, algunos de éstos quedaron muy agradecidos a Noé por haberles salvado de las aguas. Otros, incapaces de sentir gratitud, así que vieron abiertas las puertas se marcharon sin decir siquiera adiós.

Algunos de los que quedaron, como los pájaros con su alegre canto, todavía manifiestan su agradecimiento al hombre.

Otros, como las bestias, todavía ayudan al hombre en su trabajo.

Otros, como el gato y el perro, se ocupan aún hoy día en cuidar y proteger al hombre y su casa. El gato le libra de las ratas y los ratones; el perro protege al hombre contra sus enemigos mayores. Pero el perro lo hace por fidelidad y cariño y el gato por interés.

Dos de los animales que no abandonaron al hombre, la gallina y el gavilán, quedaron muy amigos por muchos años. Con frecuencia se visitaban y al gavilán le gustaba mucho visitar a la gallina y jugar (23) con sus pollitos.

El galván tenía un anillo de oro que era la envidia de la gallina, la cual decía entre sí:

— ¡Ojalá que yo tuviera un anillo como ése!

El gavilán presta su anillo a la gallina

Un día le dijo al gavilán:

— Señor gavilán, tiene usted un anillo muy bonito.

—A la disposición de usted, señora, contestó con cortesía el gavilán, quitándoselo y ofreciéndoselo a la gallina.

—¡Oh, no, señor! No puedo privarle de una cosa tan bonita y de tanto valor, pero si quisiera usted prestármelo, se lo agradecería.

—Con mucho gusto, señora, contestó el gavilán y se fué, dejándole su anillo a la gallina.

(*Se concluirá en la lección que sigue.*)

Antonio tiene mucho sueño

178. CONVERSACIÓN

En la Noche

—¿Adónde vas, Antonio?

—Voy a acostarme; estoy muy cansado y tengo mucho sueño. ¿Por qué no te acuestas tú también?

—No tengo sueño; además, tengo que trabajar en mis lecciones.

—Yo también debo estudiar un rato, pero no puedo más; mañana lo haré. No tardas mucho en venir, ¿verdad?

— No; dentro de una hora estaré contigo.

— Bueno. No te olvides de apagar la luz, y cuida de no despertarme al meterte en la cama, ¿eh?

— Tú sabes que cuando te acuestas primero, y yo no voy hasta después, no hago ningún ruido. No prendo luz, y me meto en la cama con mucho cuidado.

— Lo sé, hermano mío; eres muy considerado y te lo agradezco.

179. PRÁCTICA EN EL USO DE LAS FORMAS

hablar

¿Qué idioma habla usted?
— Hablo inglés.
¿Qué idioma hablan ustedes?
— Hablamos inglés.
¿Qué habla su hermano?
— Habla inglés.
¿Qué hablan sus hermanas?
— También hablan inglés.

¿Qué hablaba usted de niño?
— Entonces, como ahora, hablaba inglés.
¿Qué hablaban ustedes cuando estaban en París?
— Hablábamos inglés; no sabíamos hablar francés.
¿Qué hablaban sus padres?
— También hablaban inglés; no sabían francés.

¿Qué habló usted al entrar en el hotel?
— Hablé inglés.
¿De modo que ustedes hablaron inglés en París?
— Sí, señor; lo hablamos por no saber el francés.
¿En qué idioma les hablaron los criados del hotel?
— Algunos nos hablaron en francés, otros en inglés.

¿Qué ha hablado usted en la clase hasta ahora?
— He hablado español.
¿Con quién han hablado ustedes?
— Hemos hablado con usted, señor.
¿Han hablado los otros discípulos conmigo?
— Sí, señor; todos los días han hablado con usted.

comer

¿Qué come usted?
— Como pan con mantequilla.
¿Qué comen ustedes?
— Comemos pan con mantequilla.
¿Qué come su hermano?
— Come lo mismo que yo.
Y sus hermanas, ¿qué comen?
— Ellas no comen, no tienen hambre.

¿Qué comía usted de niño?
— Comía muchos dulces.
¿Qué comían ustedes cuando estaban en Madrid?
— Comíamos muchos platos españoles.
¿Qué comían sus padres?
— Comían lo mismo que nosotros.

¿Qué comió usted el primer día en el hotel?
— Comí todo lo que había.
¿Por qué no comió usted platos americanos?
— Porque no los había.
¿Comieron ustedes pescado a la catalana?
— Sí; lo comimos; nos gustó mucho.
¿Comieron los otros pasajeros lo mismo?
— Algunos comieron lo mismo, pero otros no.

¿Qué platos franceses ha comido usted?
— Los he comido muchos; no puedo pronunciar
nombres.

Lección Trigésima Cuarta

¿Qué otros platos han comido ustedes?

—De los italianos algunos, y de los alemanes, pocos.

¿Han comido sus padres de todos estos platos?

Mi madre no; a ella no le gustaron todos.

180. EJEMPLOS DE INFLEXIONES

ALGUNOS VERBOS EN IMPERATIVO

pasar (3)

Pase Vd.   Pasen Vds.

comer (4)

Coma Vd.   Coman Vds.

tener (42)

Tenga la bondad de . . . .   Tengan la bondad de .

hacer (35)

Hágame el favor de . . . .   Háganme el favor de .

poner (39)

Póngase el sombrero.   Pónganse los zapatos.

dar (33)

Déme ese libro.   Denme mis libros.

ir (36)

Vaya a la tienda.   Vayan a la escuela.
Váyase a otra parte.   Váyanse Vds.

venir (44)

Venga temprano mañana.   Vengan a las ocho.

servir (20)

Sirva el café.   Sirvan la mesa.
Sírvase pasar el pan.   Sírvanse pasar el pan.

llevar (3)

Lleve esta carta al correo. Lleven las cartas al cor

traer (43)

Tráigame la correspondencia.   Tráiganme las cartas.

decir (34)

Dígale que venga.   Díganles que se vayan.

181. EJERCICIO

Añádanse las palabras que faltan en las oraciones siguientes:

Ya sabemos la historia del diluvio y como Noé .... a los animales en el arca que .... construído.

Pues bien, en aquel famoso viaje los animales .... conocían, ... en paz y armonía y .... formaron amistades, algunas de las cuales .... hasta el día de hoy. Otras, sin embargo, no .... mucho.

Al ...: Noé las puertas del arca para .... a los animales, algunos de éstos .... muy agradecidos a Noé por haberles .... de las aguas.   Otros, incapaces de sentir gratitud, así que .... abiertas las puertas se .... sin .... siquiera adiós.

Algunos de los que ...., como los pájaros, con su alegre canto, todavía .... su agradecimiento al hombre.

Otros, como las bestias, todavía .... al hombre en sus trabajos.

Otros, como el perro y el gato, se .... aún hoy día en .... y .... al hombre y la casa.   El gato nos libra de las ratas y los ratones; el perro protege al hombre contra sus enemigos mayores.   Pero el perro lo .... por fidelidad y cariño y el gato .... por interés.

182. COMPOSICIÓN

De cómo se Portaron los Animales con Noé.

LECCIÓN TRIGÉSIMA QUINTA

183. LECTURA

La Gallina y el Gavilán

(Conclusión)

Muy contenta y muy orgullosa andaba la gallina luciendo (18) su anillo prestado, pero era muy grande para ella, y se le perdió.

Pronto echó de menos el anillo, y lo buscó por todas partes, pero era ya casi de noche y tuvo que acostarse. En toda la noche no pudo dormir la pobre gallina, y a la mañana siguiente, cuando apenas se podía ver, ya estaba buscando y escarbando para hallar el anillo antes de que viniera el gavilán a reclamarlo. Pero, por más que lo buscaba, no podía dar con él.

Al fin llegó el gavilán, y la encontró escarbando como una loca. Todos los pollitos también escarbaban sin descanso.

La gallina y sus pollitos buscan el anillo perdido

— Buenos días, señora.

— Buenos días, caballero.

— ¡Qué trabajadora es usted! ¿Qué anda usted buscando?

— He perdido una cosa de gran valor, y quisiera encontrarla.

—¡Ojalá que la halle usted! Yo le ayudaría, pero no puedo; es día festivo, y tengo que irme con unos amigos a paseo. Vengo a pedirle se sirva devolverme el anillo, pues lo necesito en este momento. Mañana se lo vuelvo a prestar si usted quiere.

— ¡Oh, señor Gavilán! Siento mucho, pero lo he perdido. Es precisamente lo que estoy buscando.

—¡Desgraciada! El anillo no se ha perdido. Es que quiere usted robármelo.

— ¡Válgame! (27) señor; ¡qué injusto es usted! El anillo se ha perdido y voy a seguir buscando hasta encontrarlo.

— Está bien. Volveré mañana temprano, pero ¡ay de usted si no me lo devuelve! (13)

La gallina buscaba y escarbaba todo el día por acá y por allá, pero sin resultado.

Al día siguiente volvió el gavilán por su anillo·y, como no lo recibiera, se enojó mucho. Rabioso como estaba, agarró uno de los pobres pollitos y se lo llevó al monte, donde se lo comió.

El gavilán agarró un pollito

Ahora saben ustedes por qué la gallina y sus pollos se levantan tan temprano y siempre andan escarbando, y cómo es que el gavilán, en venganza de la pérdida de su anillo, se lleva y se come los pollos de la pobre gallina.

184. CONVERSACIÓN

Al Levantarse

— ¡Antonio, Antonio, despiértate! ¿No oyes la campana? Es la segunda llamada; ya debes levantarte.

— Hace media hora que estoy despierto.

— ¿Por qué no te levantas pues?

— Tengo flojera.

— ¿No dormiste bien?

— Sí; dormí muy bien. Anda tú primero, métete en el baño; luego voy yo.

Juan despierta a Antonio

— Está bien; me voy. (*Juan va, pero vuelve al momento.*)

— ¿Qué tienes, pues? ¿Por qué no te bañas?

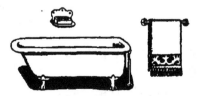

La bañera o tina de baño   La toalla

— ¡Es que la muy perezosa de la criada no ha puesto ni toallas ni jabón; ni siquiera ha lavado la bañera, ni ha limpiado el suelo, ni ha levantado la ropa sucia, desde ayer!

— La pobre ha olvidado. Acuérdate de que se

nos salió la otra camarera ayer y de que Lola tiene que tomar cargo de todo. No debes enojarte tanto, Juan.

— Es verdad. Debo tener más paciencia. La voy a llamar para que ponga todo en orden.

185. PRÁCTICA EN EL USO DE LAS FORMAS

¿En qué cuarto duerme usted?

— Duermo en la alcoba o recámara.

¿Dormimos nosotros en el mismo cuarto?

— No; ustedes duermen en el cuarto contiguo.

¿Cómo durmió usted anoche?

El niñito duerme

— Dormí muy mal; hacía mucho calor.

Creo que nosotros dormimos mejor.

— ¡Ya lo creo! Ustedes durmieron afuera, al aire libre.

¿Dónde está María?

— Está en su pieza, durmiendo la siesta.

Ya ha dormido mucho; despiértela y dígale que vaya por la correspondencia.

¿Qué tiene el niñito? ¿Por qué llora tanto?

Juan mete las manos en los bolsillos

— Tiene mucho sueño, pero no quiere dormir.

Es mejor meterlo en su camita. Allí dormirá en un momento.

¡Qué frío hace! tengo las manos heladas.

— Métalas usted en los bolsillos y pronto se calentarán.

186. EJERCICIO

Pónganse las palabras que faltan:

Hace muchos años el gavilán y la gallina .... muy buenos amigos. Con frecuencia se .... y al gavilán le .... mucho .... con los pollitos.

El gavilán .... un anillo de oro que .... la envidia de la gallina. Un día ésta se lo pidió prestado y se lo puso. Muy contenta y muy orgullosa .... la gallina .... su anillo ...., pero .... muy grande para ella y se le ....

Pronto .... de menos el anillo y lo .... por todas partes, pero ya .... casi de noche y .... que .... En toda la noche no .... la pobre gallina, y la mañana siguiente apenas se .... cuando ya .... y .... para .... el anillo antes de que .... el gavilán. Pero por más que .... no .... con el anillo perdido, y cuando .... el gavilán confesó su falta.

Él la acusó de robo, pero le .... un día más para .... el anillo.

Al día siguiente .... por su anillo. Se .... mucho y se .... mucho. Rabioso como estaba .... uno de los pobres pollitos y se lo .... al monte donde se lo ....

Ahora sabemos por qué la gallina se .... tan temprano y siempre .... y cómo es que el gavilán se .... y se .... los pollos de la pobre gallina.

187. EJEMPLOS DE INFLEXIONES

El Perfecto de Algunos Verbos

pasar (3)

He pasado la mayor parte de mi vida en América.
María ha pasado el día muy contenta.
Ya hemos pasado toda la semana aquí.
Juan y María han pasado por esta calle.

comer (4)

He comido demasiado.
Usted no **ha** comido nada.
Hemos comido mucho.
Los niños se **han** comido todos los dulces.

vivir (5)

He vivido muchos años en la Habana.
¿Ha vivido usted allí?
Hemos vivido dos años en este pueblo.
¿Han vivido ustedes por mucho tiempo en Veracruz?

hacer (35)

He hecho todo lo posible.
¿Qué **ha hecho** usted?
Hemos hecho limonada para ustedes.
Ustedes **han hecho** muchos errores.

poner (39)

He puesto las flores en la mesa.
¿Quién **ha puesto** este libro aquí?
Nos **hemos puesto** los sombreros.
¿Han puesto ustedes la mesa?

188. CUESTIONARIO

1. ¿Quién salvó a los animales del diluvio?

2. ¿No quedaron agradecidos todos los animales?

3. ¿Cómo manifestaron algunos su agradecimiento?

4. ¿Cómo dejaron ver los otros su falta de gratitud?

5. ¿Cuáles son todavía amigos del hombre?

6. ¿Cuál es el amigo más desinteresado? ¿Por qué le parece el más desinteresado?

7. ¿Qué animales quedaron amigos por muchos años?

8. ¿Lo son todavía?

9. ¿Quién tiene la culpa? (¿De parte de quién está la falta?)

10. ¿Qué pidió prestado la gallina? (20)

11. ¿Qué contestó el gavilán?

12. ¿Cómo andaba la gallina con el anillo prestado?

13. ¿Qué sucedió u ocurrió con el anillo?

14. ¿Cómo fué que se perdió?

15. ¿Por qué no lo pudo buscar en el mismo día?

16. ¿Cómo durmió la gallina?

17. ¿Se levantó tarde o temprano?

18. ¿Qué le dijo al gavilán?

19. ¿Qué contestó éste?

20. ¿Qué respondió la gallina?

21. ¿Por qué no le devolvió el anillo al día siguiente?

22. ¿Cómo se portó el gavilán?

23. ¿Qué hizo con los pollitos?

24. ¿Qué hace hasta el día de hoy?

25. ¿Qué hacen la gallina y sus pollitos?

26. ¿Se ha encontrado ya el anillo?

189. COMPOSICIÓN

¿Por qué Anda Escarbando la Gallina?

Una escalera   Un ascensor

LECCIÓN TRIGÉSIMA SEXTA

190. CONVERSACIÓN

— Ya debemos aprender algo del hombre en su vida particular. ¿En qué vive el hombre?

— Vive en una casa.

— ¿De qué se compone la casa?

— De techo, paredes, pisos, etc.

— ¿Cuántos pisos tiene la casa en que vive usted?

— Tiene tres.

— ¿Vive usted en los altos o en el piso bajo?

— Vivo en el piso de en medio. Arriba vive el señor Velázquez y abajo el doctor Carrillo.

Un edificio de nueve pisos

— ¿Cómo se sube de un piso a otro?

—En nuestra casa, por una escalera; pero en los edificios de negocio se sube y se baja en un ascensor.

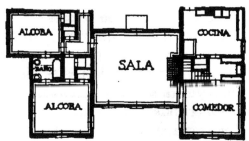

Plano de una casa de ocho cuartos

— ¿Cuántos cuartos tiene el piso en que vive usted?

— Seis.

— ¿Cuáles son?

— La sala, el comedor, la cocina, el baño y dos alcobas o recámaras.

— ¿Cuál es el uso de cada cual de estos cuartos?

— En la sala recibimos las visitas; en el comedor comemos; en la cocina preparamos la comida; en la alcoba dormimos, y en el baño nos bañamos.

— ¿Cómo cerramos las puertas para que no se pueda pasar de un cuarto a otro?

— Con llave.

— ¿Está cerrada con llave esta sala?

— No, señor; la sala de clase no se cierra con llave hasta la noche.

Una llave

— ¿A qué horas se sirven las comidas en la casa de usted?

— El almuerzo se sirve a las ocho de la mañana; la comida, a la una de la tarde; la cena, a eso de las siete o siete y media de la noche. En nuestra casa no tenemos hora fija para la cena, porque siempre esperamos a mi padre.

— ¿No se sirve desayuno en su casa?

— Sí; para los que lo quieran. Mi padre se levanta temprano y, antes de vestirse, toma su desayuno de café con pan; después se viste y luego sale a dar una vuelta antes de almorzar.

— ¿Sirven merienda en su casa?

— Sí; al volver a casa de la escuela siempre tenemos hambre y como no podemos cenar hasta las siete o siete y media, a veces hasta las ocho, mi madre nos sirve una merienda ligera a las cuatro de la tarde.

Pasteles

— ¿De qué se compone la merienda?

— De un vaso de leche o una taza de chocolate con unos pasteles.

— ¿Come usted en casa?

— Sí; pero ayer comí con mi padre en un restaurán.

— Debe haber sido una gran comida.

Una taza de chocolate

— Al contrario, fué una comida muy sencilla: una sopa, una ensalada de lechuga, pescado, carne asada y legumbres para mi padre, y para mí lo mismo a excepción de la carne. Yo prefiero biftec a la carne asada o rosbif.

— ¿Cómo le sirvieron el biftec, jugoso o bien asado?

— Me lo sirvieron bien asado; no me gusta la carne medio cruda.

— ¿Qué hubo de postres?

— Un dulce de leche con arroz y una taza de café negro.

— ¿No hubo helado?

— Sí; pero no lo pedimos.

El mesero

— ¿Cuánto pagó su padre por la comida?

— Por la comida, un dólar treinta y cinco centavos, y quince centavos de propina al mesero; un dólar cincuenta centavos por todo.

191. LECTURA

Tenemos dos brazos con sus dos manos y dos piernas con sus dos pies. La mano que más usamos es la derecha; la otra, la izquierda, es de menos uso en la mayor parte de la gente.

Escribo con la
mano derecha

PARTES PRINCIPALES DEL CUERPO

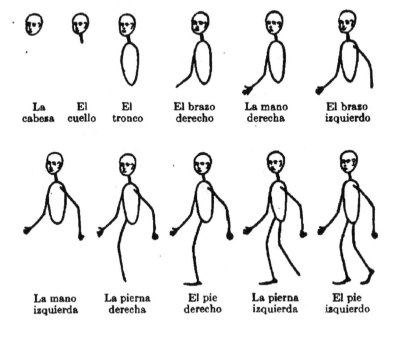

| La cabeza | El cuello | El tronco | El brazo derecho | La mano derecha | El brazo izquierdo |
| La mano izquierda | La pierna derecha | El pie derecho | La pierna izquierda | El pie izquierdo |

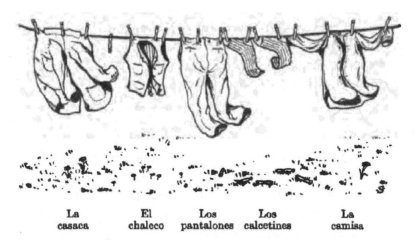

| La casaca | El chaleco | Los pantalones | Los calcetines | La camisa |

La ropa de que nos vestimos es de varios materiales, como la lana, el algodón, el lino y la seda. La lana es el pelo de la oveja, el algodón y el lino son productos de dos plantas, y la seda es producto de un gusano que se llama gusano de seda.

Para coser la ropa se usa una máquina de coser, pero el trabajo fino se cose a mano.

El material de que se hacen los trajes del hombre y los vestidos de la mujer es el género o tela. Hay géneros finos y géneros corrientes. El género fino es caro, el corriente es barato.

Con el uso la ropa blanca se ensucia. Esta ropa la lava la lavandera para limpiarla. La lava con jabón y agua y la seca al sol. Una vez seca

Un cuello de lino y un par de puños

la ropa, la lavandera la plancha. Antes de planchar

las camisas se pone almidón en el cuello y en los
puños para que éstos estén duros. La otra ropa
blanca se deja blanda.

192. PRÁCTICA EN EL USO DE LAS FORMAS

A María le gusta **vestirse** de azul.
Yo me **visto** en cinco minutos.
¿En cuánto tiempo se **viste** usted?
Nos **vestimos** de luto.
Las hermanas se **visten** a la francesa.
Ayer me **vestí** de negro.
¿De qué color se **vistió** usted?
El verano pasado, en la Habana,
nos **vestimos** de blanco.
¿Cómo se **vistieron** ustedes ayer?
Hace una hora que está **vistiéndose**.
Juan se **ha vestido** del traje nuevo de Antonio.

La señora se viste
de luto

¡Anda! ¡vístete pronto! Ya está el almuerzo.

— Ahí voy; no me esperes.

¡Apresúrese usted! ya se hace tarde y todavía está
usted vistiéndose. Vístase pronto o no alcanzamos el
tren.

Lavando la ropa

Cosiendo a mano

Planchando la ropa

—No hay cuidado, tenemos tiempo de sobra. Ya estoy vestido, sólo me falta ponerme la corbata, lo que es cuestión de un minuto.

Favor de mandarme una lavandera buena; tengo mucha ropa sucia.

—A la tarde vendrá una, señor, que es buena y de confianza; hace años que lava para la casa. Si quiere usted, le entregaré la ropa.

Sí; si quiere usted hacerme el favor. ¿Puede ella devolvérmela para pasado mañana, sin falta?

Una corbata

—Pierda usted cuidado, señor; la ropa estará lista.

¿Es blanda o dura la mantequilla?

—Eso depende de la estación. En el verano está blanda; en el invierno, dura.

¿Cómo prefiere usted los huevos cocidos?

—Me gustan suaves, o según se dice en castellano, *pasados por agua.*

A mí me gustan duros, pero muy duros y con un pedazo de mantequilla.

193. FRASES ÚTILES

Apresúrese usted.	Tengo sueño.
No hay cuidado.	Usted tiene razón.
Pierda usted cuidado.	No hay remedio.
Dígale que tenga lista	Es igual.
la ropa para mañana.	Es lo mismo.
No vale la pena.	Es muy distinto.
Tengo mucha pena.	Está dormido.
Tengo vergüenza.	Se hace tarde.

194. EJERCICIO

A. Léanse en alta voz los siguientes números:

1. 1492	3. 1917	5. 1786	7. 1548
2. 5555	4. 7777	6. 9999	8. 2703

B. Dénse los contrarios de las palabras siguientes:

duro	ir	salir	llevar
traer	obscuro	blando	hallar
venir	perder	sucio	seco
entrar	mojado	claro	limpio

C. Empléense en oraciones los siguientes verbos en pretérito:

gustarse	dormir	dar	servir
vestirse	hacer	decir	vestirse
llevar	tener	ir	saber
traer	poner	venir	matar

D. Complétense las siguientes oraciones:

1. Abra usted la . . . .
   — No puedo; está cerrada con . . . .
2. ¿Puede la lavandera . . . . lista la ropa para mañana?
   — Estará lista sin . . . .
3. Debe . . . . una gran comida.
   — Al contrario, era una comida muy . . . .
4. ¿De dónde . . . . usted el incendio?
   — . . . . vi de la ventana de mi casa.
5. ¿Quién vive en el piso . . . . de el de usted?
   — El señor Velázquez vive allí.
6. ¿Quién vive en el piso . . . .?
   — El doctor Carrillo.
7. ¿Vive usted en los . . . .?
   — No, señor; vivo en el piso . . . .

8. ¿Sirven .... en la casa de usted?

— Sí, señor; al .... de la escuela siempre tenemos ....

9. ¿Qué hubo .... postres en la comida?

— .... un dulce de leche con arroz.

10. ¿Cómo pref — — — — usted la carne?

— .... pref — — — — jugosa.

195. CUESTIONARIO

1. ¿Cuáles son las partes de la casa?
2. ¿Qué clases de techo hay?
3. ¿Cómo se sube de un piso a otro?
4. ¿Cuáles son las comidas del día?
5. ¿Qué platos sirvieron en la comida de ayer?
6. ¿Cuánto de propina le dieron al mozo?
7. Nómbrense las partes principales del cuerpo.
8. Nómbrense algunas prendas de ropa del hombre.
9. ¿De qué materiales se hace la ropa blanca?
10. ¿De qué se hacen los vestidos de la mujer?

LECCIÓN TRIGÉSIMA SÉPTIMA

196. CONVERSACIÓN

(*Antonio llama a la puerta. Manuel dentro.*)

M. ¿Quién?

A. Yo; Antonio.

M. Adelante. Buenas tardes.

A. Buenas tardes. No te vi ni ayer ni hoy en la clase; ¿dónde estuviste?

M. Estuve en casa.

A. ¿Por qué no viniste a la escuela?

M. Porque cogí un resfriado anteayer y ayer me sentí tan malo que no tenía ganas de comer, ni de leer, ni de nada. Estos catarros son muy molestos.

A. Pero hoy te sientes mejor, ¿verdad?

M. Sí; estoy mucho mejor.

A. Me alegro; especialmente que vengo para llevarte a un paseo al campo.

M. Siento mucho, pero no puedo salir.

A. ¿Por qué no? Hace muy buen tiempo hoy.

M. No tengo abrigo aquí; dejé olvidado mi sobretodo en la escuela anteayer, así fué que cogí este catarro.

Manuel lleva un abrigo o sobretodo

A. ¿Cómo fué que no lo trajiste? Al salir te vi en el corredor con el abrigo en el brazo.

M. Sí; pero fuí a ver al profesor de historia y al salir olvidé por completo mi sobretodo.

A. Pero, ¿cómo no lo echaste de menos al salir a la calle?

M. Acuérdate de que no hacía mucho frío. ¿Llevaste puesto el tuyo?

A. No; ya me acuerdo, yo también llevé el mío en el brazo, y no me lo puse hasta llegar a la calle. Pero vamos; si la falta de abrigo es todo, pronto lo arreglaremos.

Un sobretodo está gastado; el otro no le viene a Manuel

Enviaré el cochero a la escuela por tu sobretodo.

M. Eres muy amable, pero no hay necesidad

de tanta molestia. Aquél no es el único que tengo; me queda el del año pasado, que yá no me viene, además está muy gastado, pero me servirá hasta llegarnos a la escuela y allí cambiaré de abrigos, poniéndome el nuevo.

Á. Eres muy orgulloso, ¿no es así?

M. No es eso, pero me da vergüenza salir con ropa vieja y que no me viene.

A. ¿De qué tamaño es el sobretodo nuevo?

M. Es de treinta y seis pulgadas, mientras el viejo sólo es de treinta y dos.

A. Vi tu nuevo abrigo, pero no me fijé en el material. ¿De qué es?

M. Es de una tela de calidad regular; el viejo es de material mucho más fino; sin embargo, el nuevo tiene cuello alto, un cinturón y dos bolsillos al lado para meter en ellos las manos cuando hace frío; por eso lo escogí de entre muchos que el dependiente me enseñó.

Un carro de entrega

Un coche

A. Pues vámonos. El coche nos espera.

M. ¿Dónde está? No lo he visto.

A. Está al lado de la casa; cuando entré había en frente un carro de entrega de la tienda.

M. Es muy tonto el hombre que lo dirige. Le

hemos dicho muchas veces que no debe parar su carro enfrente de la casa, pero parece que no hace caso.

A. ¿Ya estás listo?

M. Ya. Vámonos pues. Sólo voy a decir a la criada que avise a mi madre cuando vuelva, que he salido contigo.

A. ¿No está en casa tu madre?

M. No; hace rato que salió; anda en compras y visitas.

197. LECTURA

Sin las diversiones, la vida del hombre sería muy triste. Como el niño, el hombre tiene sus juguetes y juega con ellos en los mo-  mentos que no está ocupado en el negocio o en el trabajo. La única diferencia entre el niño y el hombre, en cuestión

Juguetes de niño

de sus juguetes, es que los del hombre cuestan más.

Además de los juegos, el hombre tiene otro modo de divertirse, en paseos y viajes. Se pasea a pie, a caballo y en coche o en automóvil.

En caminos lisos y buenos se pasea uno muy a gusto en automóvil. El coche sirve para toda clase de caminos, pero cuando son muy rugosos éstos, la mejor manera de pasearse

Una calle rugosa

es a caballo o a pie.

De viajes los hay de tierra y de mar. Viajar por mar es más cómodo que por tierra, pero por tierra es más pronto. En un buque hay más lugar para moverse, y uno se cansa menos; además, casi siempre se encuentran entre los pasajeros algunas personas simpáticas con quienes se puede pasar el tiempo alegremente en conversación y en juegos.

Para hacer un viaje en tren, se toma un coche para ir a la estación del ferrocarril. Una vez allí, se dirige a la ventanilla del despacho de billetes.

Pasajero. ¿A qué hora sale el tren para Rosario?

Agente. A las diez y veinte hay un tren mixto, pero el rápido anda atrasado hoy y llegará media hora después del mixto.

P. Gracias. Esperaré el rápido. ¿Va directo o hay cambio de trenes?

A. Va directo.

P. ¿Cuánto vale el billete de primera (clase)?

A. Siete pesos setenta y cinco centavos en una dirección o doce pesos ida y vuelta.

P. Déme uno de ida y vuelta. ¿Dónde está el despacho de equipajes?

Equipaje — un baúl y una maleta

A. Allí en frente.

(*El pasajero se dirige allí.*)

Pasajero. Tengo un baúl para facturar a Rosario.

Empleado. ¿Cuál es, señor?

P. Éste. Es muy ligero y creo que no hay exceso que pagar.

E. Vamos a ver. (*Pesa el baúl en la báscula.*) No es pesado. Pesa sólo ciento treinta y dos libras o sea sesenta kilos, y se admite libre equipaje hasta ciento cincuenta libras o sesenta y ocho kilos. Aquí está su contraseña (talón), señor.

P. Gracias. ¿Dónde está la sala de espera?

E. Allí, a la izquierda.

P. ¿Hay un restaurán aquí cerca? Todavía no he almorzado y tengo ganas de comer.

E. No, señor; el único en esta parte de la ciudad está bastante lejos, pero hay una fonda regular al otro lado de la estación donde se come muy bien.

P. ¿Me permite usted dejar mi maleta aquí hasta volver de la fonda?

E. Con mucho gusto. Póngala allí adentro. Allí estará más segura.

El pasajero va a almorzar; a la vuelta le da una propina al empleado, toma su maleta y, como en este momento llega el tren, sube y toma su asiento. El tren se pone en marcha y él no se baja hasta llegar a Rosario, donde llega a las seis. Toma un coche y va directamente al hotel principal, donde pide un buen cuarto que da a la calle, y después de asearse un poco se dirige al comedor para comer. Más tarde sale a la calle a ver la

La plaza

ciudad. Después de andar media hora, se encuentra en la plaza, donde se sienta en un banco y se divierte por una hora, oyendo la música de la banda que toca la serenata y viendo a la gente pasearse alrededor de la plaza.

Suena la campana en la torre de la iglesia. Son las diez. Cesa la música, se apagan las luces, la gente se va y nuestro pasajero, cansado ya, se dirige al hotel, sube a su cuarto y se acuesta en una cama buena, donde lo dejamos para dormir y soñar con nuevos viajes a otras partes en los días venideros.

La torre de la iglesia

198. PRÁCTICA EN EL USO DE LAS FORMAS

No me **muevo** de aquí; estoy muy a gusto.

En el reloj la manecilla pequeña se **mueve** más despacio que la grande.

Nos gusta este lugar; no nos **movemos** de aquí.

Los animales pequeños se **mueven** más de prisa que los grandes.

¿Ve usted aquella señora delgada que viene a nuestro encuentro?

— Sí; la veo.

Fíjese en su andar.

— No noto nada de particular.

Ahora que está más cerca de nosotros, puede usted ver mejor.

— ¡Ah, sí! es coja. ¡Qué lástima! y lo simpática que es a pesar de eso. ¿Qué le pasó?

Estuvo el año pasado en un accidente de automóvil y se rompió una pierna.

¿Cuánto pesa este paquete?

— No sé. Lo pondré en la báscula.

¿Pesa más que una libra y media?

— Por cierto. Pesa una libra y tres cuartos.

La báscula o balanza

199. EJEMPLOS DE INFLEXIONES

Algunos Verbos en el Estilo Familiar

ser (7)

Tú **eres** muy amable.

Tú **fuiste** mi mejor amigo en aquellos días.

Tú **has sido** siempre muy considerado.

estar (8)

Tú **estás** en un error.

Tú no **estuviste** en la clase ayer.

Tú **has estado** malo por varios días.

tener (42)

Tú **tienes** muchas buenas calidades.

Tú **tuviste** mi gramática ayer; ¿dónde está?

Tú **has tenido** siempre muchos buenos amigos.

hacer (35)

Tú **haces** siempre lo que te da la gana.

Tú **hiciste** el ejercicio en menos tiempo que yo.

Tú **has hecho** una mala acción.

hablar (3)

Tú **hablas** muy bien el español.

Tú **hablaste** con Antonio ayer.

Tú **has hablado** mucho.

comer (4)

Tú **comes** demasiado aprisa.

Tú **comiste** todos los dulces.

Tú **has comido** ya.

200. FRASES ÚTILES

Me alegro.	Hace buen tiempo.
Lo siento.	Yo le echo de menos.
Siento mucho.	No me viene este traje.
No le haga caso.	No me está este color.
Fíjese usted.	La señora anda en compras.
Me da vergüenza.	No tengo ganas de comer.
Estoy muy a gusto.	No me da la gana.
El tren se pone en marcha.	La ventana da a la calle.
Lléveme a la estación de Buena Vista.	El reloj acaba de dar las diez.
Baje mi baúl.	Suba mi equipaje.

201. EJERCICIO

A. Dése apropiada colocación en la frase a las siguientes palabras:

1. Juan, a, hace, que, desde, no, semana, veo, una.
2. Casa, clase, voy, después, la, a, de.
3. Escuchar, usted, lección, la, debe, explicación, la, de.
4. Las, hasta, clase, doce, la, acaba, no.
5. Vaso, mesa, y, la, el, cayó, se, de, rompió.

B. Usando las palabras siguientes, haga comparación y contraste entre el burro y el caballo:

grande	tan	más	menos
pequeño	como	que	no

C. Úsense en oraciones las siguientes:

antes	temprano	siempre	desde
después	tarde	nunca	hasta
ahora	durante	entonces	ya
luego	dentro	todavía	cuándo

D. Complétense las siguientes oraciones empleando las formas apropiadas de los verbos en paréntesis:

1. ¿Por qué no (ir) tú a la escuela ayer?
   — Porque (coger) un resfriado y (sentirse) malo.
2. ¿Te (venir) el abrigo viejo?
   — No; no me (venir); es demasiado estrecho.
3. (Sentirse) mucho mejor hoy que ayer.
   — (Alegrarse), mayormente que (querer) llevarte a paseo.
4. (Sentirse) peor hoy; estoy muy malo.
   . — (Sentir) mucho encontrarte tan enfermo.
5. ¿(Tener) tú tus libros aquí?
   — No; los (dejar) en la escuela ayer.
6. ¿Cómo (ser) que no (traer) los libros ayer?
   — Los (olvidar).
7. (Mandar) el cochero por tu abrigo.
   — (Ser) muy amable, pero no hay necesidad.
8. ¿Cuándo (echar) de menos el abrigo?
   — Lo (echar) de menos al llegar a casa.
9. ¿Dónde (dejar) tú tu libro ayer?
   — No (acordarse), pero creo que lo (dejar) en una tienda.
10. ¿Ya (estar) listo tú?
    — Ya (ir) pues.

202. CUESTIONARIO

1. ¿Le viene a usted el traje (o vestido) que lleva puesto?

2. ¿Le está el color lila?

3. ¿Quién no hace caso de lo que le dicen referente a parar su carro delante de la casa?

4. ¿Cuáles son las diversiones principales del hombre?

5. ¿Cuál es mejor al caminar en calles rugosas, el automóvil o el coche?

6. ¿De qué tamaño es el traje (o vestido) que lleva usted?

7. ¿En qué piensa usted cuando el profesor está explicando la lección?

8. ¿Con qué soñó usted anoche?

9. ¿Dónde piensa usted ir después de la cena?

El profesor explica la lección

10. ¿Habrá serenata hoy por la noche?

203. COMPOSICIÓN

1. Un Viaje que Hice en las Vacaciones.
2. Mi Abrigo Viejo.
3. La Serenata.

LECCIÓN TRIGÉSIMA OCTAVA

204. CONVERSACIÓN

— Buenos días.

— Buenos días, profesor.

— ¿Qué hora es?

— Son las nueve menos cinco.

— Sí; faltan cinco para las nueve. ¿Están presentes todos en la clase?

. — No, señor; faltan dos que no vienen todavía.

— ¿Quiénes son?

— Pedro y Manuel.

— ¿No ha venido Pedro?

— Todavía no.

— Pedro nunca viene tarde; Manuel, algunas veces.

— Pedro probablemente llegará a tiempo, pero Manuel — ¡quién sabe!

— ¡Ah! aquí viene Manuel ahora.

— Buenos días, profesor.

— Buenos días. ¿No viene Pedro con usted?

— Sí; pero se quedó un momento en el corredor con un amigo. No tardará en venir.

— Todavía no suena la campanilla; tendrá bastante tiempo.

(*Entra Pedro.*)

La campanilla

— Buenos días, profesor.

— Buenos días, Pedro. Estábamos esperándole.

— ¿Llego tarde?

— No; pero como siempre viene usted temprano y casi era la hora de empezar, temíamos que no llegara a tiempo.

— Generalmente vengo algunos minutos antes de la clase, pero hoy no pude. Tuve que llevar una carta al correo antes de venir a la clase.

— ¿No podía usted llevarla después de la clase?

— No, señor.

— ¿Por qué no?

— Porque el tren sale a las diez y el correo se cierra a las nueve y media.

— ¿Era carta que su padre escribió?

— No, señor; la escribí yo, pero por orden de él. Me dijo que escribiera a una librería en la Habana, pidiéndole catálogo de sus libros.

— ¿Habrá algo de inconveniente en enseñar a la clase como fué la carta?

— En absoluto. ¿La escribo en el pizarrón?

— Sí; si tiene usted la bondad.

(*Pedro escribe la carta siguiente.*)

Nueva York, 17 de abril de 1917

Sr. Jorge Morlón
   Dragones, 58
      Habana, Cuba

Muy señor mío:

Agradecería muchísimo se sirviera mandarme su catálogo, con lista de precios y condiciones de pago.

Anticipándole las gracias, quedo de usted,

Atto. y S. S.[1]

Pedro Álvarez

Mi dirección es:
   Broadway, 71
      Nueva York, N. Y., E. U. de A.

— Es buena la carta, Pedro. Algún día por sus conocimientos del español va usted a conseguir un buen empleo en alguna casa de comercio.

— Ya he conseguido un puesto en la casa de unos amigos de mi padre y, a lo menos, puedo decir que me han prometido una colocación para el año que viene.

— Le felicito. ¿Qué será el sueldo?

---

[1] Atento y seguro servidor

—Al principio unos veinte duros por semana, pero espero ganar más conforme aprenda más del negocio.

—Naturalmente. ¿La casa hace negocios al por mayor o al menudeo?

—Los hace al por mayor y ésta es la clase de negocios que prefiero. No me gusta despachar los clientes en una tienda por menor.

—¿Por qué no?

—No tengo paciencia con la gente que regatea.

Regateando sobre las compras

—En verdad, debe ser muy molesto; tiene usted razón en preferir una casa con precios fijos, pero las hay tanto entre las que venden al menudeo como entre las de por mayor. ¿En qué ramo se ocupa la casa con que usted va a trabajar?

—En el de ferretería.

—¿Qué departamento va usted a tener a su cargo?

—Al principio, ninguno. Quiero aprender a fondo el negocio. Primero me van a ocupar en la caja, donde tendré oportunidad de poner

El tenedor de libros

en práctica lo que haya aprendido de teneduría de libros.

—Espero que vuelva usted a la clase de vez en cuando para decirnos cómo le gusta su empleo.

—Muchísimas gracias por el interés. No faltaré en venir.

205. PRÁCTICA EN EL USO DE LAS FORMAS

Señor Velasco, tengo el gusto de presentarle un amigo mío.

— Ricardo Meléndez, para servir a usted.

Tengo mucho gusto en conocerle, caballero.

— Es un gusto para mí.

Con permiso.

— Usted lo tiene, caballero.

¿Qué sucede con el vaso que cae al suelo?

— Se rompe o se quiebra.

Si no se hace pedazos, ¿cómo se describe su estado?

— Se dice que está rajado.

Vaso roto   Vaso rajado

¿Cómo se pide que se haga pronto alguna cosa?

— Se emplea una de las frases siguientes: *en seguida, cuanto antes, pronto, en el acto, inmediatamente.*

¿Es probable que venga tarde el señor?

— No; ya no dilata mucho; no tarda en volver.

206. FRASES ÚTILES

¿Cómo andan los negocios?

Favor de enviarme por vuelta de correo . . . .

Le mando adjunto . . . .

Le envío por separado . . . .

Quiero aprender a fondo el castellano.

Quien adelante no mira, atrás se queda.

¿Llegaremos a tiempo?

¡Cuidado!	Vamos a ver.
¿Cuánto pesa?	Le felicito.
Dé la vuelta.	Venga usted de vez en cuando.
Deténgase (párese).	No me gusta regatear.

207. EJERCICIO

A. Escríbase una carta a una librería pidiendo catálogo y lista de libros de viajes.

B. Contéstese la carta arriba citada.

C. Dénse los infinitivos de los siguientes verbos:

viene	llegaría	escribí	tendrá
quedó	vengo	dijo	haga
suena	pude	pidiendo	pido
esperando	tuve	escribiera	dicho
era	pudiera	habrá	sírvase
temíamos	cierra	fué	tuviera

208. CUESTIONARIO

1. ¿Por qué temía el profesor que no llegara Pedro a tiempo?

2. ¿Qué había hecho Pedro antes de venir a la clase?

3. ¿Por qué no podía llevar la carta al correo después de la clase?

4. ¿Quién escribió la carta?

5. ¿A quién iba dirigida la carta?

6. ¿Por quién estaba firmada?

7. ¿Cómo se empezaba la carta?

8. ¿Cómo se acababa?

9. ¿Qué empleo va a conseguir Pedro?

10. ¿Desea usted conseguir una colocación en una casa de comercio?   ¿en qué ramo?

LECCIÓN TRIGÉSIMA NONA

209. CONVERSACIÓN

— ¿Qué noticias trae el periódico?

— Hubo un incendio en una fá-
brica de muebles y un asesinato en
la calle Wáshington.

— ¿Qué dice del asesinato?

— Un trabajador borracho mató
a otro.

Leyendo el periódico

— ¿Está preso el asesino?

— No; huyó, y la policía no ha podido hallarle.

— ¿Murió en el acto el herido o lo llevaron a un
hospital?

Un borracho   Un preso   Un herido

— Intentaron llevarlo al hospital, pero al llegar
allí ya estaba muerto.

— Así sucede con frecuencia. En lugar de hacerse
la primera curación en una casa vecina o en donde
está el herido, lo llevan al hospital y el pobre muere
en camino de pérdida de sangre.

—Tiene usted razón. Si tiene que morirse el herido de todas maneras, más vale dejarlo esperar la muerte en paz y no llevarlo por acá y por allá por las calles para pasar así los últimos momentos de su vida.

210. PRÁCTICA EN EL USO DE LAS FORMAS

para

¿Es **para** usted este telegrama?
El señor Villaverde salió **para** España.
Voy a Lima **para** arreglar el asunto.
Tenga usted todo listo **para** el lunes.
Para un muchacho, Pedro sabe mucho del negocio.
Estamos **para** salir.
Está **para** llover.
Pagó dos duros **para** un sombrero.

por

Miguel, váyase **por** mi correspondencia.
Voy a Europa **por** seis meses.
Pagué cinco pesos **por** este sombrero.
Le doy mi navaja **por** la suya.
El tren pasa **por** El Paso.
El libro fué escrito **por** Rubén Darío.
Trajeron el prisionero **por** fuerza.
Yo voy **por** usted.
Haré lo posible **por** usted.
Las cartas todavía están **por** escribir.
Tengo una colocación **por** el año que viene.
Vende **por** mayor y **por** menor.

211. LECTURA

En un Hotel

El señor Varela entra en un hotel de la Habana y habla con el dueño.

El señor Varela. ¿Tiene usted cuartos desocupados?

El dueño. Sí, señor; tenemos varios.

V. ¿Tiene usted uno que da a la calle?

D. Todavía no, pero para el medio día tendremos uno muy bueno en el primer piso.

V. ¿Puedo verlo?

D. El pasajero que lo tiene anda afuera, pero creo que no°habrá ningún inconveniente en enseñarle el cuarto.

(Suben al primer piso.)

D. Aquí está el cuarto. Usted dispensará que no esté en orden; el camarero no lo ha arreglado porque va a salir el pasajero en el tren de mediodía. Si usted lo toma, todo estará bien limpio para la una.

V. ¿Cuánto me pide por cuarto y asistencia?

D. Tres duros diarios.

V. ¿Americanos o españoles?

D. Americanos o cubanos, como quiera.

V. ¿Cuáles son las costumbres de la casa?

D. Desayuno de pan y café en su cuarto a las siete; almuerzo de sopa, pescado, un plato de carne con legumbres y un postre, de las once a las doce y media. Entre cinco y siete puede usted tener la comida que consiste en sopa, una ensalada, dos platos de carne con legumbres y un postre con fruta.

V. Bueno; tomaré el cuarto. Aquí tiene usted los talones (contraseñas) de mi equipaje. Hágame favor de mandar por él en seguida a la estación del ferrocarril.

D. Muy bien. El desayuno estará listo dentro de quince minutos. Aquí está la sala de lectura, y en la mesa los principales periódicos del día, si usted quiere leer.

V. Gracias. Favor de mandar avisarme cuando esté listo el almuerzo. Creo que voy a estar muy bien aquí, si se tiene buen servicio.

D. Pierda cuidado, caballero, será bien servido; si no, debe quejarse conmigo y todo se arreglará en el acto.

212. FRASES ÚTILES

Quiero alquilar un cuarto.
No puedo saldar la cuenta antes del día primero.
Tengo muchos gastos.
Hágame el favor de endosar el cheque.
Hágame el favor de decirme de una vez el último precio.
Me extraña que no se haya recibido carta.
Creo que no venga a tiempo.

Es posible.	Es imposible.
No me conviene.	No puede ser.

¡Ojalá!	¡Vamos! eso no es motivo para
¡Ah! ¡aquí viene!	desanimarse.
¡Ay! ¡me duele!	¡Ojalá que pudiera ir a España!
¡Huy! ¡qué frío hace!	¡Ola, amigo! ¿adónde vas?
¡Basta!	¡Ja! ¡ja! ¡ja! ¡qué gracioso!

213. EJERCICIO

Cópiense las oraciones siguientes, cambiando en tiempo pasado todos los verbos:

El señor Varela toma un coche de alquiler.

Dice al cochero que vaya de prisa a la estación.

Baja del coche, paga al cochero y le da una buena propina.

Entra en la estación.

Allí se mete en fila delante de la ventanilla.

Al llegar su turno, pregunta a qué hora saldrá el tren para Santiago, y si es tren directo o si hay cambio de trenes.

Pregunta cuánto es el billete en primera.

Paga, recibe su boleto y entra en el tren, seguido por un hombre de color que lleva sus maletas.

214. CUESTIONARIO

Sobre el Mapa de la América Central

1. ¿Qué república está al norte de la América Central?

2. ¿Qué continente está al sur?

3. Nómbrense las repúblicas centro-americanas, de norte al sur.

4. ¿Es la Honduras inglesa (o británica) una república o una colonia?

5. ¿Pertenece a los Estados Unidos o a la Gran Bretaña?

6. Nómbrese un puerto de Guatemala en la costa oriental.

7. Nómbrese un puerto de Guatemala en la costa occidental.

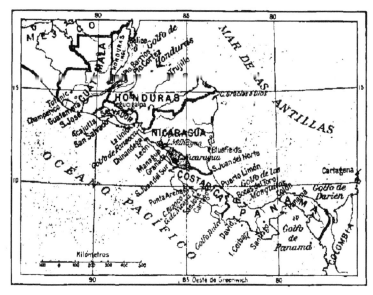

La América Central

8. ¿Qué ciudad es la capital de la república de Honduras?

9. ¿Cuál de las repúblicas centro-americanas no tiene costa oriental?

10. Díganse dos lagos de Nicaragua.

11. ¿En qué país está Puerto Limón?

12. ¿Está Puerto Limón unido por ferrocarril con algún puerto en la costa occidental?

13. ¿Qué país atraviesa el istmo de Panamá?

14. ¿A qué país pertenece el canal de Panamá?

15. ¿Qué puerto existe a la entrada del canal en el Atlántico?

16. ¿Qué puerto hay a la salida del canal en el Pacífico?

LECCIÓN CUADRAGÉSIMA

215. LECTURA

Al referir un cuento o historieta, los detalles descriptivos se expresan con el imperfecto de los verbos, y los incidentes con el pretérito. Veamos un ejemplo de esta regla:

Jorge Wáshington vivía (*impf.*) en una casa grande que pertenecía (*impf.*) a su padre. El padre se llamaba (*impf.*) Agustín. La casa tenía (*impf.*) un jardín en donde había (*impf.*) un cerezo. Este árbol era (*impf.*) el favorito del padre de Jorge.

Un día el padre le dió (*pret.*) a su hijo una hachuela como regalo y le dijo (*pret.*):

— Corta lo que tú quieras menos los árboles; éstos no los vayas a cortar.

Jorge contestó (*pret.*):

— No los cortaré, padre.

A Jorge le gustaba (*impf.*) mucho la hachuela porque era muy bonita y quiso (*pret.*) probarla, pero tenía (*impf.*) que estudiar. Fué (*pret.*) al jardín y se sentó (*pret.*) al pie del cerezo.

Jorge se sentó al pie del cerezo

Con el libro abierto y apoyando la cabeza en la mano, se puso (*pret.*) a estudiar.

Era un día de verano, y hacía (*impf.*) mucho calor.

Jorge oía (*impf.*) el murmullo del arroyo y el canto armonioso de los pajaritos que volaban (*impf.*) de rama en rama.

Percibía (*impf.*) el aroma de miles de flores y veía (*impf.*) sus brillantes colores entre la verdura del césped. Se oía (*impf.*) el zumbido de los insectos y el mugir de las vacas que pacían (*impf.*) en la hierba a la orilla del río.

Un reflejo del sol en la hachuela llamó (*pret.*) la atención de Jorge. ¡Qué bonita era!

¿Tendrá buen filo? se preguntó (*pret.*).

Quiso probarla en el acto. Quiso cortar algo. Miró (*pret.*) al cerezo. La tentación era terrible. Era imposible resistir.

Cogió (*pret.*) el instrumento por el mango y ¡zaz! dió (*pret.*) un hachazo al cerezo, luego otro, y otro hasta que cayó (*pret.*) el cerezo.

Le gustó (*pret.*) mucho a Jorge ver caer el árbol, pero su gusto no duró (*pret.*) mucho, porque luego empezó (*pret.*) a remorderle la conciencia.

Más tarde, por casualidad, su padre descubrió (*pret.*) el cerezo favorito derribado en el suelo y a la

Jorge le dijo a su padre la
verdad

noche preguntó (*pret.*) quién lo había cortado. Jorge contestó (*pret.*):

— Fuí (*pret.*) yo, padre; no puedo decir una mentira; lo hice (*pret.*) yo con mi hachuela.

216. PRÁCTICA EN EL USO DE LAS FORMAS

¿Cuándo se declararon independientes los Estados Unidos?

— Hace más de ciento cuarenta años.

¿Cuánto dura la clase de español?

— Desde las once hasta las doce de la mañana.

¿Qué hacen ustedes durante esta hora?

— Escuchamos las explicaciones del profesor.

Y entonces cuando ya entienden todo, ¿qué hacen?

— Luego contestamos las preguntas de él.

Antes de las once, ¿qué clase tienen ustedes?

— Tenemos la de historia.

Y después de las doce, ¿a qué clase asisten ustedes?

— A ninguna. Después de las doce ya no hay clases hasta la una de la tarde.

¿Cuándo va a empezar la clase de historia?

— Dentro de diez minutos comenzará.

Yo creí que ya había empezado.

— No, señor; todavía no.

¿Por cuánto tiempo durará la luz del sol?

— Creo que durará para siempre.

¿Cuándo caerá el sol sobre la tierra?

— Nunca; los astros están fijos en el cielo; si semejante cosa sucediera, no caería el sol sobre la tierra, sino la tierra sobre el sol.

¿En qué año se hizo presidente el general Wáshington?

— En mil setecientos ochenta y nueve.

¿En qué fecha?

— El treinta de abril.

¿Cuál es la fecha de hoy?

—Hoy es el cuatro de octubre de mil novecientos diecisiete.

¿A cuántos estamos?

— Estamos a cuatro.

¿Qué día es hoy?

— Hoy es lunes.

¿Cuáles son los meses del año?

— Son enero, febrero, marzo, abril, mayo, junio, julio, agosto, septiembre, octubre, noviembre y diciembre.

¿Cuáles son los días de la semana?

— Son lunes, martes, miércoles, jueves, viernes, sábado y domingo. Hay un verso para acordarse mejor de los días:

> *Lunes y martes y miércoles, tres;*
> *Jueves y viernes y sábado, seis;*
> *Y domingo siete.*

Hace un año que no estudia Vd., ¿verdad?

— No tanto; no hace sino tres meses.

¿Cuál de los hermanos estaba en el teatro anoche?

— Ambos estaban; y también su padre de ellos.

¿Cuál de las dos hermanas quedó en casa?

— Ambas quedaron; y la madre también.

Dos de los muchachos están en la clase; ¿dónde están los demás?

— Están en casa.

Dos de las muchachas están en casa; ¿dónde están las demás?

— Están en la escuela.

¿Hay bastante luz para leer?

— Sí, señor; hay suficiente.

¿Había bastante luz antes de prender la otra lámpara?

— No, señor; no había; la luz era insuficiente.

Mañana voy a salir muy temprano para el Callao; usted sale hoy, ¿verdad?

— No; yo no salgo hasta pasado mañana.

¿Cuándo saldrá su hermano?

— Ya salió hace dos días. Lo encontrará usted en el Callao.

Arregle usted para ir conmigo; así saldremos juntos. El tren sale a las seis de la mañana.

—.¡Huy! ¡qué temprano! Pero no importa, voy con usted.

217. FRASES ÚTILES

¿Habla usted español? — Lo hablo poco y no muy bien.

Hágame usted el favor de hablar despacio.

¿Qué hay para comer?

Tengo mucha hambre.

Tengo mucha sed.

¿A qué hora estará el desayuno? ¿el almuerzo? ¿la comida?

¿Cuánto cobra usted diario por cuarto y comida?

¿Cuánto cobra usted por semana? ¿por mes?

¿Estará en casa el señor . . . .?

¿Quién será?

Quiero probarlo.

Déjeme probarlo.

Déjeme ver.

Se puso a trabajar.

Me gustan todas las frutas menos la ciruela.

¿Quién ha prestado mi libro? — Fuí yo.

Tenía que hacer.

218. EJERCICIO

Pónganse los verbos en el cuento:

Jorge Wáshington .... en una casa grande, que ....
a su padre. El padre se .... Agustín. La casa ....
un jardín en donde .... un cerezo. Este árbol .... el
favorito del padre de Jorge.

Un día el padre le .... a su hijo una hachuela como
regalo y le ....:

— Jorge, no .... a cortar los árboles.

Jorge ....:

— No los ...., padre.

A Jorge le .... la hachuela porque .... muy bonita
y ...., pero .... que .... al jardín y
se .... al pie del cerezo. Con el libro abierto y .... la
cabeza en la mano se .... a ....

.... mucho calor. Jorge .... el murmullo del arroyo
y el canto armonioso de los pájaros que .... de rama en
rama. .... el aroma de mil flores y .... sus brillantes
colores entre la verdura del césped. Se .... el zumbido
de los insectos y el mugir de las vacas que .... en la
hierba a la orilla del río.

Un reflejo del sol le .... la atención. ¿.... buen
filo la hachuela? se preguntó. .... cortar algo. La tentación .... terrible. .... impossible resistir. .... el instrumento por el mango y ¡zaz! hasta que .... el cerezo.
Le .... mucho a Jorge .... el árbol, pero su
gusto no .... mucho, porque luego .... a remorderle
la conciencia. Más tarde por casualidad su padre ....
el cerezo favorito derribado en el suelo y a la noche ....
quién lo había cortado. Jorge ....:

— .... yo, padre, no .... una mentira; lo .... con
mi hachuela.

219. CUESTIONARIO

1. ¿Dónde vivía Jorge?
2. ¿De quién era la casa?
3. ¿Cómo se llamaba el padre de Jorge?
4. ¿Dónde estaba la casa?
5. ¿Qué había en el jardín?
6. ¿En qué estima tenía el padre este árbol?
7. ¿Qué le regaló a Jorge su padre?
8. ¿Qué le dijo a Jorge su padre al darle el regalo?
9. ¿En qué términos contestó Jorge?
10. ¿Por qué le gustaba a Jorge la hachuela?
11. ¿Qué quiso hacer con ella?
12. ¿Por qué no podía probarla?
13. ¿Adónde fué?
14. ¿Dónde se sentó?
15. ¿Cómo estaba el libro?
16. ¿Dónde tenía Jorge apoyada la cabeza?
17. ¿Cuál fué la intención de Jorge?
18. ¿Hacía frío aquél día?
19. ¿Qué oía Jorge?
20. ¿Qué hacían los pajaritos?
21. ¿Dónde volaban las avecillas?
22. ¿Qué olía Jorge y qué veía?
23. ¿De qué color era el césped?
24. ¿Cuántas flores había?
25. ¿Qué puede usted decir de los colores de las flores?
26. ¿Qué se oía de los insectos?
27. ¿Qué hacían las vacas?

28. ¿Dónde estaban las vacas?

29. ¿Dónde pacían?

30. ¿Qué llamó la atención de Jorge?

31. ¿Qué se preguntó?

32. ¿Qué quiso hacer?

33. ¿Qué tentación tuvo Jorge?

34. ¿Qué hizo con la hachuela?

35. ¿Por dónde la cogió?

36. ¿Qué hizo con el cerezo?

37. ¿Hasta cuándo dió hachazos al cerezo?

38. ¿Qué efecto produjo (19) en Jorge ver caer el árbol?

39. ¿Cuánto tiempo duró la satisfacción de Jorge?

40. ¿Por qué no duró mucho?

41. ¿Cómo encontró su árbol favorito el padre de Jorge?

42. ¿Dónde estaba el árbol?

43. ¿Supo el padre quién lo había derribado?

44. ¿Quién era el culpable?

45. ¿Qué preguntó el padre de Jorge?

46. ¿Cuándo lo preguntó?

220. COMPOSICIÓN

JORGE WÁSHINGTON Y EL CEREZO DE SU PADRE.

PARTE SEGUNDA

A. MODELOS DE CARTAS Y DE FORMAS COMERCIALES[1]

Para empezar las cartas:

Muy señor mío:	Muy Sr. mío:	
Muy señores míos:	Muy Sres. míos:	
Muy señor nuestro:	Muy Sr. nuestro:	Muy Sr. n/:
Muy señores nuestros:	Muy Sres. nuestros:	Muy Sres. n/:
		Muy Sres. n/s:

Muy señor mío y amigo: Muy señores nuestros y amigos:

Muy estimados se-   Muy apreciable Sr. mío y amigo:
ñores nuestros:

Amigo mío: Muy apreciable amigo mío:

Mi querido amigo: Queridos amigos:

Estimada señorita: Apreciable señora:

Muy distinguida señora:

---

[1] Los estudiantes que tengan algunos conocimientos de las formas y costumbres comerciales en su propio idioma encontrarán en esta parte del libro lo esencial para aprender algo del asunto en español. Los de menos conocimientos pueden usar las cartas como lecciones suplementarias de lectura.

Para concluir las cartas:

Su seguro servidor	S. S. S.
Su atento y seguro servidor	Su atto. y S. S.
Su atento, afectísimo y S. S.	Su atto., afmo. y S. S.
Atentos y S. S.	Afmos. Attos. y S. S.
S. S. S. y amigo	Afmos. y S. S.

Su amigo que mucho le estima (aprecia)
Con un abrazo de tu amigo

Lección 15.ª

San Antonio, Texas,
Octubre 17 de 1917

Southern Pacific Co.
    New Orleans, La.

Muy señores míos:

Como tengo que hacer un viaje de New Orleans a la Habana, quisiera saber los días de salida de los vapores de ustedes y el precio del pasaje en primera sobre cubierta.

Anticipándoles las gracias por su pronta contestación, soy de ustedes,

Atto. y S. S.
Felipe González

P. D.[1] Mi dirección es: 140, North St., San Antonio, Texas.

[1] Véase Explicaciones Gramaticales, Lección 15.ª Vocabulario (página 259); en adelante el estudiante encontrará en aquella sección las explicaciones necesarias.

Lección 16.ª

New Orleans,
Oct. 19 de 1917

Sr. don Felipe González
140 North St.
San Antonio, Texas

Muy señor nuestro:

Acusamos recibo de su grata del 17 del corriente y en contestación participamos a usted que nuestros vapores salen de este puerto para la Habana todos los miércoles y sábados a las diez de la mañana.

El pasaje en primera a la Habana vale $25.00, y el pasaje de ida y vuelta $45.00.

Los camarotes de sobre cubierta se dan a los pasajeros que primero los piden y sin cobrar extra.

En espera de sus gratas órdenes, quedamos de usted,

Attos. y S. S.
Southern Pacific Co.

Escríbase una carta a la United Fruit Company, New York, pidiendo informes de los vapores de esta compañía que van de New York a puertos de la América Central.

Lección 17.ª

Escríbase una carta contestando a la de la Lección 16.ª

Lección 18.ª

Guadalajara, Méjico,
Nov. 3 de 1917

Sr. D. Carlos Jiménez
   2.ª de San Francisco, 9
   Méjico, D. F.

Querido don Carlos:

Como mañana es su cumpleaños y no puedo tener el gusto de felicitarle personalmente, le escribo para desearle mucha felicidad.

Reciba de mi parte y de parte de mi señora las felicitaciones más sinceras. Quedo como siempre,

S. S. S. y amigo

Antonio Velázquez

Sr. D. Carlos Jiménez

2.ª de San Francisco, 9

M É J I C O

D. F.

El sobre con su dirección

Lección 19.ª

Escríbase una carta para felicitar al profesor en la ocasión de su cumpleaños.

Lección 20.ᵃ

San Francisco, nov. 17 de 1917

Prof. Emilio Salazar
Colegio Comercial

Mi querido maestro:

Siento mucho no poder ir al colegio hoy. Tengo un resfriado muy molesto y el doctor no quiere que salga de casa por dos o tres días. Me pesa mucho perder la clase y voy a estudiar lo que pueda, en casa, para no quedarme atrás.

Hágame usted el favor de decirle a mi amigo Ramón qué lección ha señalado usted para mañana como también para pasado mañana.

Dándole las gracias, y en espera de poder volver pronto a la clase, quedo de usted,

S. S. S. y discípulo
Juan Varela

Prof. Emilio Salazar
Presente

El sobre

Escríbase una carta como de un dependiente a su patrón, explicando su ausencia por haber estado enfermo.

Lección 21.ª

San Francisco, nov. 17 de 1917

Sr. D. Juan Varela
    Calle de Dolores, 28
      Ciudad

Mi querido Juan:

Con verdadero sentimiento he sabido su enfermedad y creo que el médico tiene razón en prohibir que salga usted con este mal tiempo. Más vale cuidarse unos días en casa.

Las lecciónes para mañana y las de pasado, son: El Descubrimiento de América por Cristóbal Colón.

Que se alivie pronto y vuelva a mis clases es el sincero deseo de

Su amigo y profesor,
Emilio Salazar

Contéstese la carta del dependiente en la Lección 20.ª

Lección 23.ª

Habana, dic. 1 de 1917

Sres. M. Sáenz y Cía.
    Zulueta, 123. Ciudad

Muy señores míos:

Está descompuesta la llave del agua en la cocina de mi casa, San Rafael, 28.

Háganme el favor de mandar en seguida uno de sus obreros para componerla.

Sin más por el momento, soy de ustedes,

S. S. S.
Pedro Sánchez

Escríbase una carta a un carpintero para que venga, o mande venir, un oficial (obrero) para componer una puerta que no cierra bien.

Lección 24.ª

T A R J E T A   P O S T A L

Sres. Mendoza e Hijos

24 Liberty St.

N e w   Y o r k

Estados Unidos

Buenos Aires, mayo 11 de 1917

Señores Mendoza e Hijos
    New York

Muy señores míos:

Agradecería muchísimo se sirvieran mandarme su catálogo, con lista de precios y condiciones de pago.

Anticipándoles las gracias, quedo de ustedes,
        S. atento y S. S.

Manuel Rodríguez

Calle Corrientes, 27.

Lección 26.ª

New York, junio 9 de 1917

Sr. D. Manuel Rodríguez
    Corrientes, 27
        Buenos Aires, Argentina

Muy señor nuestro:

Obra en nuestro poder su grata del día 11, ppdo., pidiéndonos catálogo, etc.

Con sumo gusto acudimos a su deseo, enviándole inclusa nuestra lista de precios y por separado el catálogo.

En espera de ser favorecidos con sus estimados pedidos y poniéndonos a sus órdenes, somos de usted,

Attos. y S. S.

· Mendoza e Hijos

Lección 29.ª

Buenos Aires, julio 7 de 1917

Sres. Mendoza e Hijos
    24 Liberty Street
        New York

Muy señores míos:

Tengo a la vista su apreciable carta del 9 ppdo., como también el catálogo que ustedes tuvieron la bondad de mandarme. Encuentro los precios más altos de los que pago en Alemania; pero, como las herramientas americanas gozan de buena reputación, estoy dispuesto a hacerles un pequeño pedido de prueba. Lo único en que no estoy conforme es en las condiciones de pago. Tomando en consideración que las mercancías estarán casi un mes en camino, me parece que ustedes deben modificar en algo las condiciones, que sin duda son propias para sus clientes en los Estados Unidos. Las casas alemanes me dan un plazo de tres a cuatro meses, fecha de la factura y, durante este plazo, cuatro por ciento de descuento.

Como estoy en condiciones de hacerles pedidos de importancia, espero que me concedan arreglos más favorables que los indicados en su anterior.

En espera de sus gratas noticias, quedo de ustedes,

Afmo. y S. S.

Manuel Rodríguez

Escríbase una tarjeta postal a John Wanamaker, Philadelphia, Pa., Estados Unidos, pidiendo catálogo, etc.

Lección 30.ª

New York, julio 31 de 1917

Sr. D. Manuel Rodríguez
    Corrientes, 27
       Buenos Aires, Argentina

Muy señor nuestro:

En contestación a su grata del 7 del pte., y en vista de los hechos a que usted nos llama la atención, tenemos el gusto de participarle que estamos dispuestos a hacerle un arreglo referente a las condiciones de pago. En lugar de las condiciones usuales de treinta días, o descuento de dos por ciento en diez días, le daremos sesenta días o dos por ciento en treinta.

En espera de ser favorecidos con sus estimados pedidos, y poniéndonos nuevamente a sus órdenes, quedamos de usted,

Afmos. y S. S.

Mendoza e Hijos

Contéstese la tarjeta postal de la Lección 29.ª

Lección 31.ª

Buenos Aires, agosto 20 de 1917

Sres. Mendoza e Hijos

24 Liberty Street

New York

Muy señores míos:

Me es grato acusar recibo de su apreciable del 31 de julio próximo pasado y aceptar las condiciones especiales que en ella ustedes han tenido a bien concederme.

Refiriéndome a su catálogo les suplico se sirvan enviarme a la brevedad posible, por la línea directa, franco a bordo en Nueva York, las mercancías siguientes:

6 docenas	martillos	núm.	31
4 "	idem	"	42
8 "	serruchos	"	23
10 "	idem	"	27
5 "	hachas	"	36
½ docena	escuadras	"	12
1 gruesa	reglas para carpintero	"	37

Las escuadras y las reglas para carpintero deben ser de sistema métrico.

Sírvanse ustedes mandar estas mercancías con factura consular.

Como les he indicado en mi anterior, éste es solamente un pedido de prueba; si todo resulta satisfactorio, pueden ustedes estar seguros de recibir pedidos de más importancia.

Sin más por el momento, quedo como siempre,

Afmo. y S. S.

Manuel Rodríguez

Escríbase una carta pidiendo mercancías a la casa John Wanamaker, Philadelphia, Pa.

Lección 32.ª

New York, sept. 17 de 1917

Sr. D. Manuel Rodríguez

Corrientes, 27

Buenos Aires, Argentina

Muy señor nuestro y amigo:

Somos favorecidos con su apreciable, 20 del p/p, incluyendo pedido de prueba.

Ya tenemos embarcadas las mercancías pedidas en el vapor "Colón" que saldrá mañana y debe estar en ése para el 12 del entrante.

Incluimos copia de factura consular, conocimiento y la factura correspondientes.

Dándole nuestras más expresivas gracias y en espera de que resulte todo de conformidad, nos repetimos de usted,

Afmos. Attos. y S. S.

Mendoza e Hijos

Acúsese recibo por la casa de Wanamaker del pedido de la Lección 31.ª

Lección 33.ª

FACTURA

New York, sept. 17 de 1917

Sr. D. Manuel Rodríguez
    Buenos Aires, Argentina

    A MENDOZA E HIJOS   DEBE:

Por las mercancías expresadas a continuación embarcadas por su cuenta y riesgo en el vapor "Colón," franco a bordo.

Nota: Los pagos al contado se entienden dentro de 30 días desde la fecha de la factura con 2% de descuento durante este plazo.

PAQUETES   MARCA

Lección 34.ª

CHEQUE

(En ocasiones esta forma de cheque se denomina *giro.*)

Núm. 3782

$561.55   Buenos Aires, oct. 20 de 1917

CITY NATIONAL BANK OF NEW YORK

Páguese al Sr. D. Manuel Rodríguez o a su orden la cantidad de Quinientos sesenta y un dólares, cincuenta y cinco centavos.

BANCO DEL RÍO DE LA PLATA

Francisco Pérez, Contador

ENDOSO

> Páguese a la orden de los Sres. Mendoza e Hijos de Nueva York. Valor en cuenta.
>
> Buenos Aires,
> Oct. 20 de 1917
>
>   Manuel Rodríguez

Lección 35.ª

Recibo

New York, oct. 27 de 1917

Recibimos del Sr. D. Manuel Rodríguez, la suma de Quinientos sesenta y un dólares, cincuenta y cinco centavos ($561.55) como saldo de su cuenta.

Mendoza e Hijos

Escríbase cheque con endoso en pago de la factura de Wanamaker (página 235) y hágase el recibo correspondiente.

B. EXPLICACIONES GRAMATICALES

NOTA: Los números en tipo negro, así, **42**, se refieren a los números de la sección de Tablas Gramaticales; los números romanos, como XII, se refieren a las Reglas. Para referirse a las secciones del Vocabulario se emplea el número de la lección, así, ¿Cómo se llama? V. L. 2.ª

Lección 1.ª

REGLAS[1]

I. El artículo, el adjetivo y el participio concuerdan con el substantivo en género y número.

II. El verbo concuerda con el sujeto en persona y número.

III. El adverbio negativo **no** generalmente precede al verbo.

IV. En preguntas la palabra interrogativa lleva acento.

VOCABULARIO

el: artículo definido o determinado masculino. (Véase **49**)

la: artículo determinado femenino.

los: plural de *el.*

las: plural de *la.*

elefante: substantivo masculino en singular.

es: tercera (3.ª) persona singular de presente de indicativo del verbo *ser* (*ser* es el infinitivo).

son: plural de *es.*

un: artículo indefinido o indeterminado masculino. (**49**)

una: artículo indeterminado femenino.

animal: substantivo masculino; en singular, *un animal*; en plural, *unos animales.*

¿qué?: pronombre interrogativo; no varía en forma: es masculino o femenino, singular o plural según el

---

[1] Se entiende que las reglas son generales y que por ahora no se puede ni se debe poner al principiante a estudiar todas las excepciones. El profesor explicará las reglas convenientemente por medio de ejemplos, etc.

antecedente. *¿Qué es el elefante?* es una pregunta; la contestación es: *Es un animal.* (Nótese la omisión del pronombre *él*, sujeto de *es.*) (**51, E**)

rata: substantivo femenino; en singular, *la rata o una rata;* en plural, *las ratas o unas ratas.*

sí, señor: *sí*, adverbio afirmativo; *señor*, título de cortesía.

y: conjunción copulativa.

grande: adjetivo; masculino o femenino; enorme, inmenso. Nótese el orden, *un animal grande:* 1.º el artículo, 2.º el substantivo, 3.º el adjetivo.

¿es grande la rata?: nótese el orden: verbo, adjetivo, artículo, substantivo.

no es grande: nótese el orden de la negación: adverbio, verbo, adjetivo.

es pequeña: nótese la omisión del sujeto.

pequeña: adjetivo en femenino; masculino, *pequeño;* lo contrario de *grande;* sinónimos: *diminutivo, chico.*

¿cuál?: pronombre interrogativo; como *qué*, no varía en forma: es masculino o femenino.

más: adverbio de comparación; es el comparativo de *mucho.*

o: conjunción disyuntiva o alternativa.

de: preposición que denota posesión.

Lección 2.ª

REGLAS

v. El comparativo regular de los adjetivos se forma con *más o menos* y el positivo.

vi. Los substantivos y los adjetivos que terminan en vocal (**a, e, i, o, u**) no acentuada forman plurales con **s**.

vii. Los substantivos y los adjetivos que terminan en consonante forman plurales con **es**.

VOCABULARIO

ella: pronombre personal de tercera (3.ª) persona, femenino en singular; se refiere a María. (51, A)

ellas: plural de *ella*.

él: pronombre personal de tercera persona, masculino en singular; se refiere a Juan. Nótese que se escribe con acento para distinguirse del artículo *el*. (51, A)

ellos: plural de *él*.

hermano: Caín y Abel son dos famosos hermanos, mencionados en la Biblia.

hermana: femenino de *hermano*.

tiene: tercera persona en singular del presente de indicativo de *tener*, verbo que indica posesión.

¿son muchachos María y Anita?: nótese el orden.

ellas son muchachas: o, omitiendo el sujeto, *son muchachas*.

¿cómo se llama?: ¿qué nombre tiene ella? o ¿cuál es el nombre de ella? El nombre de ella es Anita.

se llama: uso del verbo reflexivo como voz pasiva.

alta: de estatura considerable; grande.

bajo: lo contrario de *alto;* significa: pequeño de estatura.

que: conjunción de comparación; nótese que no lleva acento.

menos: adverbio; contrario de *más*.

pero: conjunción adversativa.

¿quién?: pronombre interrogativo; ¿qué persona?; es singular y masculino o femenino según el antecedente; el plural es *quiénes*. (51, E)

¿cuántas?: significa ¿qué número? o ¿cuál es el número de las personas?

una: el adjetivo numeral *uno* es variable; según el género del substantivo a que se refiere es masculino (*un* o *uno*) o femenino (*una*). Los otros números, con la excepción de los cientos, como *doscientos* (*cientas*), *trescientos* (*cientas*), etc., son invariables. *Ciento* (100), cuando precede inmediatamente a un substantivo, se transforma en *cien*, pero no varía en género: *cien muchachos, cien muchachas. ¿Cuántos muchachos? — Ciento. ¿Cuántas muchachas? — Ciento.* (50, B)

¿cuánto?: ¿qué cantidad?

Lección 3.ª

REGLAS

VIII. Los adjetivos que terminan en **o** en masculino forman el femenino cambiando la **o** en **a**.

IX. Los adjetivos que terminan en **a, e, i, l, én, ín, ún, r, s** o **z** son iguales en ambos géneros.

X. Los adjetivos que terminan en **án, ón** u **or** forman el femenino por la adición de la letra **a**.

Excepciones: *anterior, posterior, exterior, interior, superior, inferior, mejor* y *peor*, que son iguales en ambos géneros.

XI. Los adjetivos que terminan en consonante, si indican nacionalidad, forman el femenino añadiendo la letra **a**.

VOCABULARIO

ciudad: población de muchos habitantes: Nueva York, Londres, París y Buenos Aires, etc., son ciudades grandes.

muy grande: excesivamente grande, inmensa.

entran: de *entrar;* pasar al interior. Nótese que se usa la preposición *en* con este verbo: *Los niños entran en la escuela.*

salen: de *salir;* contrario de *entrar;* pasar al exterior.

su: pronombre posesivo de tercera persona en singular; *en su puerto* significa en el puerto de Nueva York. **(51, B)**

todos: el número completo de los puertos.

del: contracción de *de el.* **(49)**

mundo: el mundo se compone de los continentes: Europa, Asia, África, América y Australia.   El nuevo mundo se compone de las tres Américas.   El viejo mundo se compone de Europa, Asia y África.

llevan: de *llevar;* transportar de una parte a otra.

mercancías: los efectos (objetos) de comercio.

cargamento: carga; las mercancías que lleva el buque.

muchas: plural de *mucha;* se refiere a *personas: muchas personas.*

viven: residen.

otras: *otras muchas* o *muchas otras personas.   Otro* significa lo que no es idéntico, lo que es diferente.

alrededor: en la parte exterior y por la circunferencia.

¿dónde?: adverbio de lugar usado como interrogativo; significa ¿en qué parte?

usted: pronombre personal de segunda persona, estilo formal, en singular.   Es contracción de *vuestra merced,* término antiguo de respeto empleado por los inferiores para con los superiores, como *your lordship* en inglés y *Sie* en alemán.   *Usted* es esencialmente de tercera persona y emplea el verbo en tercera persona, pero en el uso moderno la expresión es de segunda persona, estilo formal.   En el estilo familiar se emplea el pronombre *tú* con la forma de la segunda persona del verbo.

yo: pronombre personal de primera persona en singular.

importante: véase regla ix.

Lección 4.ª

REGLAS

xii. *Grande, pequeño, alto* y *bajo* tienen dos comparativos, uno regular, otro irregular: *grande: más grande* o **mayor**; *pequeño: más pequeño* o **menor**; *alto: más alto* o **superior**; *bajo: más bajo* o **inferior**.

xiii. Se omite el artículo en aposiciones y después de o alternativa. Por ejemplo: *Barcelona, puerto principal de la costa oriental de España, es también centro importante de la industria. El puerco o cerdo es un animal de mucha utilidad en la alimentación de la raza humana.*

xiv. Cuando el pronombre personal está en dativo (objeto indirecto) o en acusativo (objeto directo) se antepone (precede) al verbo en indicativo o subjuntivo y se pospone al verbo en imperativo, infinitivo o gerundio. (Véase también regla LXI: *mandatos negativos*.)

Por ejemplo:

— *¿Tiene usted el diccionario?*

— *Sí, señor; lo tengo.*

— *Démelo; lo necesito.* (Imperativo.)

— *¿Sabe usted la lección?*

— *No, señor; no la sé.*

— *Usted debe estudiarla.* (Infinitivo.)

— *Sí, señor; estudiándola bien la aprenderé.* (Gerundio.)

Nótese que en mandatos negativos se emplea el subjuntivo y el pronombre precede al verbo (regla LXI).

VOCABULARIO

sabe: de *saber; ¿sabe usted la lección?* significa: *¿tiene usted idea clara de la lección?*

nombres: *María, Anita* y *Dolores* son nombres de muchachas; *Juan, Luis* y *Antonio* son nombres de muchachos.

algunos: unos; un número no especificado. **(51, C)**

tengo: primera persona en singular del presente de indicativo del verbo *tener*. **(42)**

lo: pronombre neutro; es antecedente de *que* y se refiere al predicado atributo de *un ratón es*, que no se expresa y por esta razón se representa por el pronombre en neutro.

que: pronombre relativo. Nótese que no lleva acento gráfico. **(51, E)**

sé: primera persona en singular del presente de indicativo de *saber*. **(41)**

animalito: diminutivo de *animal*. En español los diminutivos se forman principalmente por adición de: *–ito, –ita, –illo, –illa, –uelo, –uela*. **(xxvii)**

tan ... como: comparación de igualdad; *Juan es tan alto como Pedro* significa que Pedro no es más alto; que los dos muchachos son iguales en estatura.

menor: véase regla xii.

mayor: véase regla xii.

ustedes: plural de *usted*.

nosotros: plural de *yo*.

unos: plural de *uno;* algunos; número indefinido.

ningún: negativo de *uno;* ni (no) uno; *ni+un=ningún;* en singular de masculino, delante de substantivo la forma es *ningún;* después del substantivo o solo, la forma es *ninguno*. (Nótese que los negativos son dobles: *Yo no tengo ningún gato*.) **(51, C)**

la sabe: *la* es pronombre personal en femenino, acusativo, objeto de *sabe* (regla xiv). **(51, A, 5)**

Lección 5.ª

REGLAS

xv. Los substantivos que terminan en –a, –d, –ión, –zón, –umbre y –z son femeninos.

Principales excepciones: *aroma, arroz, artista* (y otros en *ista*), *buzón, clima, día, idioma, lápiz, pez, síntoma, sistema, telegrama* que son masculinos.

xvi. Los demás substantivos son masculinos.

Principales excepciones: *ave, clase, clave, fiebre, flor, hambre, llave, madre, mano, mente, muerte, mujer, nieve, noche, nube, parte* (ambiguo), *piel, sal, suerte, tarde, tos* que son femeninos.

VOCABULARIO

hay: existe o existen; se usa sólo en singular con significación de singular o de plural.

quedan: véase **se queda** abajo.

los permite: véase regla xiv.

allí: adverbio de lugar.

sino: pero; se usa *sino* después de negativo y generalmente cuando se omite el verbo en la proposición siguiente; se emplea *pero* cuando se expresa el verbo.

ponga: se usa como imperativo del verbo *poner;* para la significación véase el grabado en la página 17.

pone: tercera persona en singular del presente de indicativo del verbo *poner.*

cuente: se usa como imperativo del verbo *contar* que significa numerar, expresar uno por uno los números. En lugar de *cuente los libros*, es posible usar la combinación: *cuente+los=cuéntelos* (regla xiv).

se queda: de *quedarse;* los otros salen de la casa, María no sale, ella se queda en casa para jugar con el gato.

En español muchos verbos son reflexivos que no lo son en otros idiomas. (Un ejemplo familiar del inglés: *he enjoyed himself*.)

juega: de *jugar* que significa *divertirse*.

que tiene: *que*, pronombre relativo que se refiere a *gato*.

ni . . . ni: conjunción correlativa; que no es blanco y no es negro el gato.

¿de qué color?: apréndase de memoria la forma de la frase.

mi gato: *mi*, pronombre posesivo de primera persona, singular; delante de substantivo masculino o femenino la forma es *mi*, en otros lugares es *mío*, *mía*, etc.

Lección 6.ª

REGLAS

XVII. Se usa el artículo determinado delante de los tratamientos en tercera persona; v. gr.: *el señor Varela, el doctor Álvarez.* Pero se omite delante de los tratamientos en segunda persona; v. gr.: *Señor Varela, ¿no es usted el padre de Antonio?*

XVIII. Se omite el artículo indeterminado delante de nombres de oficios o de nacionalidad y delante de predicados indeterminados; v. gr.: *El señor Varela es comerciante. La señora de Varela no es norteamericana. Soy madre. Manuel es huérfano.*

XIX. Muchos substantivos tienen dos formas, una masculina, otra femenina; v. gr.: *hijo, hija; tío, tía; señor, señora; perro, perra; burro, burra.* (Pero el femenino de *caballo* es *yegua*, el masculino de *oveja* es *borrego* y el femenino de *marido* es *esposa*).

XX. Para comparar afirmativamente los números se usan *más de* y *menos de;* para compararlos negativamente se emplea *más que* y *menos que.*

VOCABULARIO

se llama: uso del reflexivo como voz pasiva, muy común en español cuando no hay indicación del agente o de la persona que realiza la acción; otros ejemplos: *se usa, se usan; nótese, nótense; póngase, pónganse,* etc.

lo contrario: se usa el artículo neutro *lo* antes de adjetivos empleados como substantivos.

primos hermanos: primos en primer grado; hijos de hermanos o de hermanas.

casado: unido en matrimonio.

casada: nótese que el participio concuerda en femenino con *Dolores, una mujer.*

FORMAS IRREGULARES: *tiene, tengo,* de *tener* (**42**); *soy, es, somos, son,* de *ser* (**7**); *hay,* de *haber* (**2**); *entiende,* de *entender* (**10**).

Tener, ser, haber y *entender* son los infinitivos de estos verbos.

Lección 7.ª

REGLAS

XXI. Para indicar la situación que ocupa una cosa, un animal o una persona se usa el verbo *estar* y no el verbo *ser;* v. gr.: *El Callao está en la costa del Perú.*

XXII. Generalmente el adjetivo se pospone al substantivo, pero *primero, tercero, último; bueno, malo; alguno, ninguno; mucho, poco; grande, medio* y *cierto* con más frecuencia se anteponen. *Cada, demás, varios, ambos* y *sendos* se anteponen. Nótese que delante del substantivo en masculino, *primero, tercero, ciento, bueno, malo, alguno, ninguno* y *grande* pierden su terminación; v. gr.: *el primer libro, un buen amigo, gran negocio*, pero *primera lección, una buena amiga*.

VOCABULARIO

comerciante y **comisionista**: véanse reglas XVIII y XV (*ista*).

su: pronombre posesivo, la forma abreviada de *suyo;* tiene uso muy extenso y puede tener como antecedente: *él, ella, ellos, ellas, usted* o *ustedes.* (**51, B**)

gran: véase regla XXII.

del cual: nótese el uso del artículo; la forma femenina es *de la cual.*

se hace: uso del reflexivo como pasivo; véase **se queda,** en el vocabulario de la Lección 5.ª

al: contracción de la preposición *a* y el artículo *el.* (**49**)

subir: infinitivo usado como objeto de la preposición *a;* como substantivo en este caso requiere el artículo *el* (véase **al**). Nótese que se usa la preposición *a* con este verbo: *Antonio sube al tren.*

llegar: arribar.

se baja: de *bajarse;* Antonio se baja del tranvía. Nótese el uso de la preposición *de.*

va: del verbo *ir* que significa pasarse o moverse de una parte a otra más distante. (**36**)

vuelve: de *volver;* véase la conjugación de *mover.* (**13**)

a casa: *a la casa* significa simplemente al edificio, *a casa* expresa la idea de la casa en la cual la persona vive.

viene: de *venir*, lo contrario de *ir.*

vamos: nosotros *vamos*, primera persona plural del presente de indicativo del verbo *ir.*

FORMAS IRREGULARES: *va*, de *ir* (**36**); *vuelve*, de *volver* (**13**); *viene*, de *venir* (**44**).

Lección 8.ª

REGLAS

xxiii. Para indicar la procedencia de una persona o de una cosa se usa el verbo *ser;* v. gr.: *El señor Galdós es de España.*

xxiv. Para expresar condición o calidad que es natural o esencial en la persona o cosa se usa *ser;* v. gr.: *María es buena.*

xxv. Para expresar condición o calidad que es accidental o variable, se usa *estar*, v. gr.: *María está mala. El libro está abierto.*

VOCABULARIO

duro: moneda española; vale casi un dólar.

se hace: se fabrica; reflexivo usado como pasivo.

aves: en singular *el ave* para evitar la repetición de la a acentuada; pero *la primera ave, el ave amarilla.*

cuéntelos: véase regla xiv.

cara: de precio mayor al que vale.

detrás de: lo contrario de *en frente de.*

encima de: sobre; en la parte superior.

cincuenta: nótese que no es variable; *cincuenta caballos, cincuenta vacas.*

barato: lo contrario de *caro;* de precio módico (razonable).

buen: véase regla xxii.

cien: véase regla xxii.

mal: véase regla xxii.

FORMAS IRREGULARES: *sirve*, de *servir* (20); *cuente*, de *contar* (12); *estoy*, de *estar* (8).

Lección 9.ª

REGLAS

XXVI. Se usan los artículos **el** y **un** delante de los sub-stantivos femeninos que empiezan (comienzan) con **a** o **ha** acentuada; v. gr.: *el agua, el ala, el águila, el hambre, un ave, un hacha.*

NÓTESE: *El agua es pura; las aguas gaseosas; la blanca ala; la única hacha.*

XXVII. Los aumentativos y los diminutivos se forman por medio de varias terminaciones:

(a) los aumentativos por –ón, –azo, –ote.

(b) los diminutivos por –ico, –ito, –illo, –uelo, –ín.

Ejemplos: *hombrón, hombrazo, hombrote,* } aumenta-
mujerona, mujeraza, mujerota. } tivos

chico, chiquito, chiquillo, } diminutivos
chicuelo, chiquitín

chica, chiquita, chiquilla, } diminutivos
chicuela, chiquitina.

Debe notarse que hay substantivos que llevan estas terminaciones y no son ni aumentativos, ni diminutivos; v. gr.: *corazón, ratón, abrazo, sacerdote, colmillo.*

VOCABULARIO

en comprar: nótese que la forma del verbo que en español se usa como substantivo no es el gerundio, sino el infinitivo.

le ayudan al comerciante: *le,* dativo (objeto indirecto) para los pronombres personales *él, ella* y *usted; le . . ., al comerciante;* doble referencia a la persona, uso muy común en español. *Le:* véase regla XIV. **(51, A)**

los vende en trece: frases como ésta y *la ganancia es de,* etc., debe el estudiante repetirlas en alta voz hasta saberlas de memoria; lo mismo debe hacer en todo el libro.

todavía no: hasta el presente, no (véase la observación arriba).

no hace ningún: doble negativo; muy común en español; *no hace descuento alguno* es más fuerte que *no hace ningún descuento.*

¿a quién le ayudan?: doble referencia a la persona.

FORMAS IRREGULARES: *cuestan,* de *costar* (12); *pierde,* de *perder* (10).

Lección 10.ª

REGLAS

XXVIII. Del verbo impersonal *haber* se usa el singular también como plural; v. gr.: *¿Cuántos huevos hay? — Hay seis. ¿Cuándo habrá naranjas? — No habrá antes de noviembre.*

XXIX. Para expresar la obligación o necesidad de una acción:

(a) si es impersonal, se usa el verbo *haber que.*

(b) si es personal, se usa el verbo *tener que.*

(c) si es personal y moral, se usa el verbo *deber.*

Ejemplos: 1. *Hay que quedarse en casa* (no se sabe quién es la persona).

2. *Juan tiene que quedarse en casa* (por orden de su madre).

3. *Juan debe quedarse en casa* (porque sería una mala acción salir).

NOTA: *Haber de,* seguido de un infinitivo, tiene la significación de *deber* o se refiere a una acción futura. Ejemplos: *He de marcharme. Juan, mañana has de trabajar.*

VOCABULARIO

de ella: se usa el pronombre en femenino porque el antecedente, *casa*, es femenino.

le tiene miedo: véase xiv: **le** ... **al perro**, doble referencia al perro.

se cogen; se venden: ejemplos del uso del reflexivo como pasivo cuando no se sabe por quién es la acción.

¡corre! ¡corre!: ejemplo del uso del imperativo familiar. Véase el imperativo de *comer*. (4)

que te coge el perro: porque el perro va a cogerte.

te: pronombre personal en acusativo y dativo de segunda persona, estilo familiar; no se usa excepto en familia, con amigos íntimos y con los animales; la forma nominativa es *tú*.

FORMAS IRREGULARES: *juega*, de *jugar* (**23**); *huyen*, de *huir* (**25**); *siente*, de *sentir* (**22**); *despierta*, de *despertar* (**9**).

Lección 11.ª

REGLAS

xxx. Los nombres de las divisiones de tiempo comienzan con letra minúscula (pequeña); v. gr.: *enero*, *sábado*, *la primavera*.

xxxi. Las palabras que expresan la nacionalidad de personas o cosas comienzan con minúscula; v. gr.: *él inglés*, *francés*, *los alemanes*.

xxxii. El artículo neutro **lo** sirve para indicar el adjetivo usado como substantivo; v. gr.: *lo contrario*, *lo bueno*, *lo mucho*, *lo mejor*, *lo peor*.

xxxiii. El pronombre neutro **lo** sirve para representar una frase que precede; v. gr.: *¿Usted cierra la puerta? — No, señor; yo no lo hago. ¿Quién lo hace?*

VOCABULARIO

en punto: exactamente.

para comenzar: en el momento de comenzar. Véase regla LXXVI.

no hay de qué: frase de cortesía para responder a *gracias;* también se usa: *de nada* o *por nada.*

> FORMAS IRREGULARES: *abierta,* participio pasivo de *abrir* (**47**); *hágame* (*haga+me*), imperativo de *hacer* (**35**); *hago,* de *hacer* (**35**); *cierra,* de *cerrar* (**9**); *váyase* (*vaya+se*), imperativo de *ir(se)* (**36**); *sírvase* (*sirva+ se*), imperativo de *servir(se)* (**20**).

Lección 12.ª

REGLAS

XXXIV. El trato familiar permite el uso del pronombre *tú* al hablar a parientes y a amigos íntimos; en otros casos se usará **usted.** (Véase en las Tablas Gramaticales, página 277, las formas correspondientes de los verbos.)

XXXV. Con los nombres de los días de la semana se usa el artículo determinado; v. gr.: *el sábado, los lunes, los miércoles,* etc. (Excepción: *hoy es martes,* etc.)

XXXVI. En español el gusto que nos ocasiona (o da) una cosa, no lo expresamos con los verbos *amar* y *querer,* sino con el verbo *gustar,* que concuerda con su sujeto que es la cosa (o las cosas) que ocasiona el gusto; v. gr.: *nos gusta el paseo; me gustan las naranjas; le gusta pasearse.*

XXXVII. Muchos de los adverbios se forman por la adición del sufijo *–mente* al femenino de los adjetivos; v. gr.: *exactamente, naturalmente, dulcemente.* (*Natural* y *dulce,* regla IX.)

XXXVIII. Cuando se usan juntos dos o más adverbios de la terminación *–mente*, se omite esta terminación en todos menos en el último de ellos; v. gr.: *María se expresa clara, dulce y distintamente.*

VOCABULARIO

vámonos: *vayamos+nos* reducidos a *vámonos* por costumbre.

orden: plural, *las órdenes.*

dé: imperativo del verbo *dar*; se escribe con acento gráfico para distinguirse de la preposición *de.*

acompañarte: *acompañar+te* (regla XIV); *te,* acusativo de *tú.* **(51, A, 2)**

prestarme: véase regla XIV.

corriendo: gerundio de *correr.*

me gusta: de *gustar.*

lo que tú quieras: en esta frase empleamos el subjuntivo porque no se sabe el antecedente de *lo,* el cual en turno es el antecedente de *que.* El sentido es: *la cantidad* (grande o pequeña) o *el dinero* (mucho o poco) *que quieras.*

día: véase regla XV.

comprar al comerciante: frases como ésta y *dar un paseo* deben practicarse mucho en alta voz como también el uso de *gustar* en singular y en plural, con dativo en singular y en plural.

lápiz, lápices: nótese el cambio de z en c (regla XL).

FORMAS IRREGULARES: *voy, vas, van* y *vámonos,* de *ir* (36); *doy* y *dé,* de *dar* (33); *quieras,* de *querer* (40); *eres,* de *ser* (7); *pide,* de *pedir* (20).

Lección 13.ª ·

REGLAS

xxxix. Cuando el acusativo *le, lo, los, la* o *las* va precedido del dativo *le* o *les*, éste (el dativo) se cambia en **se** para evitar la repetición de la l; v. gr.: *¿Le doy la pluma a María? — No, señor; usted se la da a Juan.*

xl. Los substantivos y los adjetivos que terminan en z forman el plural por la adición de **es**, pero cambian la z en c; v. gr.: *pez, peces; feliz, felices.*

xli. Los pronombres **su** y **le** son ambiguos: su antecedente puede ser *él, ellos, ella, ellas, usted* o *ustedes.* Para evitar la ambigüedad, se añaden las frases: *de él, a él, de usted, a usted*, etc.; v. gr.: *Es su casa de usted. A él le gusta el café sin azúcar. ¿Cómo le gusta a usted el te, con crema o sin ella?*

Nota: Algunas veces esta doble referencia a la persona es para énfasis o para hacer contraste; v. gr.: *A mí me gusta más el te sin crema.*

VOCABULARIO

la capital: la ciudad que es el sitio o lugar del gobierno nacional. *El capital* (masculino) es el dinero o los fondos de un banco o de una persona o compañía comercial.

las aves: singular, *el ave:* véase regla xxvi.

los peces: singular *el pez:* véanse reglas xl, xv.

les sirven a las aves: véase regla xli.

conmigo: *con+mi+go;* la última sílaba por eufonía: en lugar de *cum* en *mecum* del latín: lo mismo *contigo* y *consigo* que son de segunda y de tercera persona respectivamente *(con+ti+go; con+si+go).*

mí: la forma del pronombre personal de primera persona que se usa con preposición. Se escribe con acento gráfico para distinguirse del posesivo *mi*. **(51, A, 1)**

se lo da: véase regla xxxix.

únicamente: véase regla xxxvii.

FORMAS IRREGULARES: *cubierto*, p. p. de *cubrir* (**46**); · *vuelan*, de *volar* (**12**); *mueva*, de *mover* (**13**).

Lección 14.ª

REGLAS

xlii. Todos los verbos que tienen una **g** y muchos de los que tienen una **c** antes de la terminación del infinitivo (**ar, er** o **ir**) conservan el sonido suave o fuerte de estas letras, según el caso, en toda la conjugación; v. gr.:

> *tocar: toca, toco, toque, toquemos,* etc.
> *pagar: paga, pago, pague, paguemos,* etc.
> *mecer: meza, mezo, mece, mecemos,* etc.
> *coger: coja, cojo, coge, cogemos,* etc.

Algunas excepciones de los verbos que tienen una **c** antes de la terminación del infinitivo son las siguientes: *conocer, conozco, conozca; nacer, nazco, nazca; conducir, conduzco, conduzca,* en los cuales se introduce una **c** antes de la **a** o la **o**.

xliii. Los verbos que tienen una **z** antes de la terminación del infinitivo en **ar** cambian la **z** en **c** delante de **e** en otras terminaciónes; v. gr.:

> *rozar: roza, rozo, roce, rocemos,* etc.

xliv. Para expresar la edad de una persona se emplea el verbo *tener:* para expresar diferencia de edad se usan los adjetivos *mayor* y *menor;* v. gr.: *Juan tiene quince años; María tiene doce; Juan es mayor que María; María es menor que Juan. El hijo mayor es Antonio, pero Antonio es menor de edad.* En los Estados Unidos un menor de edad es un joven (muchacho) que tiene menos de veintiún años de edad.

VOCABULARIO

su caballo de él: véase regla XLI.

primero: véase regla XXXI. Se puede decir, *el día primero* y *el día último del mes,* pero no *el segundo, tercero,* etc., sino *el día dos* o *el día tres.*

tercero: véase regla XXXI.

¿cuántos años tendrá?: el futuro de incertidumbre; *el muchacho tendrá unos trece años* expresa la idea de incertidumbre acerca de este número de años con sugestión de probabilidad.

de él: el pronombre no hace contracción como lo hace el artículo (*de+el=del,* pero *de+él=de él.*)

FORMAS IRREGULARES: *muerde,* de *morder* (13); *tendrá,* de *tener* (42); *pongo,* de *poner* (39).

Lección 15.ª

REGLAS

XLV. *Grande, pobre* y *simple* tienen una significación delante del substantivo y otra después; v. gr.: *gran hombre* significa *hombre de gran carácter; hombre grande,* con más frecuencia hombre de estatura o tamaño grande; *pobre mujer* expresa idea de compasión; *mujer pobre,* de una mujer que no tiene dinero; *simple persona,* una sola persona; *persona simple,* persona de poco entendimiento.

XLVI. Los pronombres posesivos *mío, tuyo, suyo* pierden la última sílaba delante del substantivo; v. gr.: *mi libro, mis plumas, su gramática, sus amigos.* (51, **B**)

VOCABULARIO

boleto: americanismo para *billete*.

ida y vuelta:[1] para ir y volver.

siento mucho: estoy apenado; tengo pena; lo contrario es *me alegro mucho*.

de hoy en ochos días: en una semana de hoy.

tomaré: futuro de *tomar* en primera persona singular de indicativo; en tercera persona, la forma es *tomará*.

buen, bueno; mal, malo; primer, primero: véase regla XXII.

es, está: véanse reglas XXI, XXIII, XIV.

anticipándoles:[1] *anticipando+les; anticipando* es el gerundio de *anticipar; les* significa a ustedes.

Atto. y S. S.:[1] abreviatura por su atento y seguro servidor.

P. D.:[1] posdata; lo que se escribe después de terminar una carta.

dice: de *decir;* el expresar en palabras una idea.

se despide: de *despedirse;* decir adiós.

> FORMAS IRREGULARES: *saldrá*, de *salir* (**28**); *puedo*, de *poder* (**38**); *era*, de *ser* (**7**); *conviene*, de *convenir* (**44**); *despide*, de *despedir* (**20**); *dice*, de *decir* (**34**).

Lección 16.ª

REGLAS

XLVII. El acento gráfico se emplea para distinguir entre palabras de la misma forma, pero de diferente significación; v. gr.: *de, dé; se, sé; solo, sólo; que, qué; este, éste; el, él*, etc.

---

[1] Aquí, y en adelante, el estudiante encontrará en el Vocabulario explicaciones de algunas de las dificultades que se encuentran en las cartas de la sección de Modelos de Cartas y de Formas Comerciales (página 225).

XLVIII. Las palabras de más de una sílaba que terminan en **n** o en **s** y reciben la fuerza de pronunciación en
la última sílaba, llevan el acento gráfico en la vocal de
esta sílaba; v. gr.: *jardín, demás, algún, también, detrás.*

VOCABULARIO

raíces: singular: *raíz.*

las demás: las otras; las que quedan, el resto: véase
regla XLVIII.

sirva: tercera persona singular del presente de subjuntivo;
esta forma reemplaza al imperativo, que carece de tercera persona. Es decir, en estilo familiar se usa el
imperativo, segunda persona, *sirve tú, servid vosotros;*
hablando en estilo formal, con *usted,* se usa la tercera
persona del presente de subjuntivo, *sirva usted, sirvan
ustedes.* Nótese que el indicativo termina en **e**, *sirve;*
y el subjuntivo en **a**, *sirva;* de la misma manera se
puede formar el subjuntivo de muchos verbos que
en el indicativo (3.ª persona singular de presente)
terminan en **e**, cambiando esta **e** en **a**. Por ejemplo:
indicativo: *abre, cubre, corre, coge, sube, vuelve*
subjuntivo: *abra, cubra, corra, coja, suba, vuelva*
Los verbos que en indicativo terminan en **a** cambian
esta **a** en **e** para formar el subjuntivo:
indicativo: *lleva, cuenta, toma, paga, presta, anda*
subjuntivo: *lleve, cuente, tome, pague, preste, ande*
Nótese que los imperativos con **tú** de estos verbos
son iguales a los indicativos en tercera persona; v.
gr.: *anda tú, corre tú.*

don: título de respeto; se usa solamente con el nombre
de pila (de bautismo).

saliendo: gerundio de *salir;* el vapor sale; los vapores
están saliendo del puerto.

FORMAS IRREGULARES: *sirve, sirva,* de *servir.*

Lección 17.ª

REGLAS

xlix. Los verbos activos exigen (requieren) la preposición **a** antes del objeto directo cuando éste es nombre de persona o de cosa personificada; v. gr.: *Juan coge a Luis. María quiere (ama) a su hermanita.*

Excepciones: El verbo *tener* y, en algunos casos, *ver*, *conocer* y *necesitar*. Se omite la **a** en algunas construcciones para evitar la repetición de esta letra; v. gr.: *Antonio lleva su hermanito a la escuela.*

l. Se omite la **a** antes del objeto personal en los casos en que no se sabe quien es la persona; si se sabe quien es, se añade la **a**; v. gr.: *busco un criado; busco a mi criado Juan; la señora ama los niños; la señora ama a sus niños.*

Lección 18.ª

REGLAS

li. Las palabras de más de una sílaba que terminan en vocal y que se pronuncian con la fuerza en la última, llevan acento gráfico en la vocal de esta sílaba, v. gr.: *café, mamá, aquí, allí, Haití, Perú.*

lii. Los monosílabos no llevan acento gráfico.

Excepciones: los pretéritos (pasados definidos) *fuí, fué, dió, vió* de los verbos *ser* o *ir*, *dar* y *ver* respectivamente (7), (33), (45). Véase regla xlvii.

VOCABULARIO

día: — *ia* sin acento gráfico es diptongo; el acento sirve para separar el diptongo; — *dia* es monosílabo y *día* disílabo.

medir: verbo irregular; presente de indicativo: *mido, mide, medimos, miden;* el substantivo es *medida.*

Las medidas principales son de extensión, la pulgada, el pie, la yarda, la milla, o el centímetro, el metro, el kilómetro; de peso, la onza, la libra, la tonelada o el centigramo, el gramo, el kilogramo (o kilo); de capacidad, el litro etc.; de tiempo, el segundo, el minuto, la hora, el día, la semana, el mes, el año, el siglo.

son las cinco: nótese el plural: *son las cinco* (horas); *es la una* (hora).

manecilla: diminutivo de *mano* que es femenino (regla XVI).

anteayer: también se dice *antes de ayer*.

estuvo: el pretérito o pasado definido de *estar* es: *estuve, estuvo, estuvimos, estuvieron*. (8)

era: imperfecto o pasado indefinido del verbo *ser*. (7)

día de su santo: es costumbre en muchos países dar el nombre de un santo al niño al bautizarlo, y el día de este santo se celebra en lugar del cumpleaños, que es el aniversario del nacimiento. Por ejemplo, el cumpleaños de Juan es el 5 de mayo, porque nació aquel día, pero su santo se celebra el 24 de junio porque su nombre es Juan y éste es el día de San Juan Bautista.

dije, dijo: pretérito de *decir*, como también *dijimos* y *dijeron*. (34)

téngalo: *tenga*, subjuntivo de *tener;* la frase completa es *yo deseo que usted lo tenga muy feliz;* hace las veces del imperativo: *téngalo muy feliz.* *Lo* se refiere al día.

hicieron: el pretérito de *hacer* es *hice, hizo, hicimos, hicieron*. (35)

dió: el pretérito de *dar* es *di, dió, dimos, dieron*. (33)

vió: el pretérito de *ver* es *vi, vió, vimos, vieron*. (45)

Méjico: forma usual en español; pero en Méjico se escribe ordinariamente *México*.

FORMAS IRREGULARES: *estuve, estuvo, estuvimos, estu-*
vieron, pretérito de *estar* (8); *era, era, éramos, eran,*
imperfecto de *ser* (7); *dije, dijo, dijimos, dijeron,* pretérito de *decir* (34); *tenga,* subjuntivo de *tener* (42);
hice, hizo, hicimos, hicieron, pretérito de *hacer* (35);
di, dió, dimos, dieron, pretérito de *dar* (33); *vi, vió,*
vimos, vieron, pretérito de *ver* (45); *fui, fué,* pretérito
de *ser* y de *ir* (7 y 36).

Lección 19.ª

REGLAS

LIII. Las palabras que terminan en consonante, que
no sea **n** o **s**, deben recibir la fuerza de pronunciación en
la última sílaba. Si no se pronuncian así, llevan acento
gráfico en la vocal de otra sílaba; v. gr.: *cónsul, azúcar,*
lápiz, Juárez, carácter (pl. *caracteres*).

LIV. Las palabras que terminan en vocal, o en **n** o **s**,
deben recibir la fuerza de pronunciación en la penúltima
sílaba. Si no se pronuncian así, llevan acento gráfico en
la vocal de otra sílaba; v. gr.: *océano, dándole, descríba-*
mela, tráigamelo, interín, según, asiático, téngalo, fétido,
asafétida, Méjico, órgano, órdenes, jóvenes (sing. *orden,*
joven).

VOCABULARIO

descríbamela: *describa+me+la; describa,* imp. de *des-*
cribir; véase regla LIV y **sirva** en el vocabulario de
la Lección 16.ª

aroma: véase regla XV.

malo: véanse reglas XXII, XXIII.

situados: véase regla I.

colocados: véase regla I.

FORMAS IRREGULARES: *huele,* de *oler* (14); el presente
de indicativo es *huelo, huele, olemos, huelen.*

Lección 20.ª

REGLAS

lv. Después de verbos que se refieren a actos de la voluntad, se emplea el subjuntivo o el infinitivo: el subjuntivo cuando los dos verbos tienen diferente sujeto, el infinitivo cuando tienen un solo sujeto; v. gr.: (subj.) *el doctor no quiere que salga;* (inf.) *yo quiero salir.*

Nota: Los verbos más comunes de esta clase son: *querer, desear, preferir, suplicar, rogar, pedir, mandar, aconsejar, permitir, prohibir.* Algunas veces los correspondientes substantivos reemplazan estos verbos.

lvi. Después de verbos que expresan sentimientos, se emplea el subjuntivo o el infinitivo; el subjuntivo cuando los dos verbos tienen diferente sujeto, el infinitivo cuando tienen un solo sujeto; v. gr.: (subj.) *yo siento que usted no pueda ir;* (inf.) *yo siento no poder ir.*

Nota: Los verbos más comunes de esta clase son: *sentir, alegrarse, celebrar, temer, tener miedo, extrañar, dispensar, dudar, tener cuidado, cuidar de.* Algunas veces los correspondientes substantivos reemplazan estos verbos.

lvii. Se emplea el subjuntivo después de **lo que** cuando no se sabe el antecedente de **lo**; v. gr.: *voy a estudiar lo que pueda.*

VOCABULARIO

sabor alguno: más enfático que *ningún sabor.*
pan, carne, etc.: el lugar donde se vende o se hace el pan es una *panadería* y el hombre que lo hace o lo vende es el *panadero;* lo mismo, *leche, lechería, lechero;* pero la analogía no llega hasta *caballo, caballería, caballero; carne, carnero.* (Búsquense el orígen y la significación en el diccionario.)

azahar: se usan los ramos de azahar en los casamientos. Pídase en la tienda de música una bonita pieza mejicana que se título: "*Un ramo de azahar.*"

dulce: el agua que no es salada, se dice que es dulce.

picante: se refiere al sabor; *caliente* se refiere a la temperatura; no se dice del ají o de la pimienta que es caliente, sino picante. La sopa puede estar *caliente* y a la vez ser *picante*.

tomándola, prestármelo: véanse reglas XIV, LIII, LIV.

se lo, se la: véase regla XXXIX.

FORMAS IRREGULARES: *prefiero*, de *preferir* (**22**).

Lección 21.ª

REGLAS

LVIII. Cuando no se sabe o no se dice quien es la persona que hace una acción, se usa el reflexivo en lugar del pasivo; v. gr.: *la limonada se hace del zumo del limón; se dice; no se sabía*, etc.

LIX. Cuando se menciona la persona que realiza una acción, se emplea el verdadero pasivo con *ser* y el participio pasivo del verbo; v. gr.: *la limonada es hecha por María; la buena madre es amada de sus hijos.*

Nótese que cuando el acto es de la mente (mental) la preposición es *de*.

LX. En combinación con los auxiliares *ser*, *estar* y *tener* el participio pasivo concuerda con el sujeto en género y número, pero después de *haber* es invariable; v. gr.: *América está descubierta; América ha sido descubierta; los españoles habían descubierto América.* — *La carta es escrita por María; la carta está escrita a máquina; María tiene la carta escrita; María ha escrito la carta.*

VOCABULARIO

hace años: uso idiomático de *hacer* para referirse al tiempo pasado.

sabía, creía, tenía: imperfectos o pasados indefinidos de los verbos; el imperfecto es el tiempo de narración en español; el pretérito expresa lo que se hizo en cierto momento más o menos determinado.

debía ser: se dice que la tierra *debe ser* una esfera porque en los eclipses la sombra de la tierra sobre la luna siempre es circular. Cuando Juan es la única persona que no está presente en la clase y alguien viene, se dice que *debe de ser* Juan que viene.

todo el mundo: todas las personas.

había: imperfecto o pasado indefinido de *hay*.

en lugar de: en vez de.

¿qué hacer?: ¿qué debía hacer? o ¿qué podía hacer?

sería: condicional de *ser*.

había ido: pluscuamperfecto o perfecto del pasado de *ir*. (36)

había enviado: pluscuamperfecto de *enviar* (como *pasar*). (3)

descubriría: condicional del subjuntivo de *descubrir*.

> Formas Irregulares: *ido*, participio pasivo de *ir* (36); *tendría*, condicional de *tener* (42).

Lección 22.ª
REGLAS

LXI. Siendo el subjuntivo el modo de prohibición, los mandatos negativos se expresan con este modo y no con el imperativo; v. gr.:

afirmativamente: *vete tú; hazlo tú.*

negativamente: *no te vayas tú; no lo hagas tú.*

NOTA: Aparte del orden de las palabras, no se nota la diferencia, excepto en las formas con *tú*, porque el subjuntivo con *usted* se usa en lugar del imperativo (véase *usted* en sección 18 y en regla XXXIV). *Hazlo tú*, en estilo formal, es *hágalo usted; no lo hagas tú* es *no lo haga usted*. (Véase regla XIV.)

VOCABULARIO

tuvo: pretérito de *tener*.

estaba para ir: estaba a punto de ir; faltaba poco para ir (regla LXVI).

mandó llamarle: excepción a LV, porque los verbos de mandamiento pueden regir infinitivo en lugar de subjuntivo; v. gr.: *Isabel mandó llamarle*, pero también se dice: *Isabel mandó a los sirvientes que le llamaran* (o *llamasen*), o, en el presente: *Isabel manda llamarle, Isabel manda a los sirvientes que le llamen*.

no tendría: el negativo hace más enfática la expresión.

pequeño puerto: nótese la omisión del artículo (regla XIII).

cuya: pronombre relativo en forma posesiva.

fecha: véase regla XIII.

hizo: pretérito de *hacer*.

lo primero: véase regla XXXII.

lo sabía: véase regla XXXIII.

FORMAS IRREGULARES: *fui, fué, fuimos, fueron*, pretérito de *ser* e *ir* (**7, 36**); *hubo*, pret. de *haber* (**1, 2**); *supe, supo, supimos, supieron*, pret. de *saber* (**41**); *tuve, tuvo, tuvimos, tuvieron*, pret. de *tener* (**42**); *estuve, estuvo, estuvimos, estuvieron*, pret. de *estar* (**8**); *haz*, imperativo, *haga*, subjuntivo de *hacer* (**35**).

Lección 23.ª

REGLAS

LXII. Después de los verbos *creer* y *decir* en expresiones negativas, se usa el subjuntivo; v. gr.: *no creo que venga; no digo que sea cierto* (*sea*, subj. de *ser*).

LXIII. En preguntas, cuando hay duda, se emplea el subjuntivo; v. gr.: *¿Cree usted que Carmen haya venido?*

LXIV. De los demostrativos se aplica **este**, etc., a lo que está cerca de la persona que habla; **ese**, etc., a lo que está cerca de la persona a quien se habla; y **aquel**, etc., a lo que está distante de una y otra. Como pronombres (sin substantivo) llevan acento estas palabras; como adjetivos (con substantivo) no lo llevan.

Ejemplos:

Este libro está en la mesa, a mi lado.

Ese libro está en la silla, al lado de usted.

Aquel libro está en la mesa, en el otro cuarto.

Éste es rojo, ése es amarillo y aquél es de color café.

VOCABULARIO

como tres cuartas: más o menos tres cuartas; alrededor.

ésta, está: *ésta*, pronombre demonstrativo; *está*, verbo.

ya lo creo: afirmación enfática.

todos los días: cada día; repítase la frase en alta voz varias veces.

se hace tarde: no es tarde todavía, pero está pasando el tiempo y falta poco para ser tarde. Del hombre que no es rico todavía, pero que está ganando dinero, se dice que se hace rico, y si tiene pretensiones y cree que es una persona superior, se dice que se pone orgulloso o pretensioso. En estos sentidos *hacerse* y *ponerse* son casi sinónimos.

váyase: véase regla LXI.

no se vaya: véase regla LXI.

al hijo: véase regla XLIX.

no se moleste: véase regla LXI.

tenemos prisa: tenemos necesidad de movernos rápidamente; tenemos muy poco tiempo.

no esperen a nadie: ejemplo del negativo doble, muy común en español (regla XLIX).

no creo que venga: (regla LXII) *venga*, subjuntivo de *venir*.

descompuesta: p. p. de *descomponer;* quiere decir que la llave no está en orden; que necesita arreglo o compostura.

componer: arreglar; poner en orden. El participio pasivo es *compuesto*.

FORMAS IRREGULARES: *conozco*, 1.ª sing. del pres. de *conocer; conozca*, subj. de *conocer* (17); *encuentran*, pres. de *encontrar* (12); *diga*, subj. de *decir* (34); *venga*, subj. de *venir* (44); *contiene*, de *contener* (42).

Lección 24.ª

REGLAS

LXV. Hablando de las partes del cuerpo y de ropa, generalmente en lugar del pronombre posesivo como en inglés se usa el artículo determinado; v. gr.: *me duele la cabeza; Juan se cortó la mano; me pongo el sombrero.*

VOCABULARIO

clima: véase regla XV.

dar de comer: repítase varias veces en alta voz.

sirvieran: imperfecto de subjuntivo de *servir* (regla LVI).

FORMAS IRREGULARES: *atraviesa*, 3.ª sing. del pres. de ind. de *atravesar* (9); *vengo*, 1.ª sing. pres. ind. de *venir* (44); *vinieron*, 3.ª plural del pret. de ind. de *venir* (44).

Lección 25.ª

REGLAS

LXVI. Las sensaciones físicas y mentales se expresan con el verbo *tener* y un adjetivo; v. gr.: *los pollos* **tienen** *hambre; Colón no* **tuvo** *miedo;* **tengo** *frío.*

LXVII. Después de frases impersonales, cuando no expresan lo que es cierto, se usa el subjuntivo; v. gr.: *puede ser que* **haya** *estudiado más.*

NOTA: Cuando la frase expresa lo que es cierto, se pone en indicativo el verbo que sigue; v. gr.: *es verdad que ha estudiado más.*

VOCABULARIO

¿en qué se bebe el agua?: repítase varias veces.

muy a gusto: lo contrario de *incómodo;* uno está a gusto cuando nada le molesta.

no cabe duda: no puede dudarse, es indudable; sin duda.

no creo que haya: véase regla LXII.

salido bien en los exámenes: repítase varias veces.

FORMAS IRREGULARES: *puede*, 3.ª sing. del pres. de ind. de *poder* (38); *quepo*, 1.ª sing. del pres. de ind. de *caber* (31); *haya*, 1.ª y 3.ª sing. del pres. de subj. de *haber* (1).

Lección 26.ª

REGLAS

LXVIII. Para indicar el estado de la temperatura, etc., en expresiones de tiempo, se emplea el verbo *hacer* y un adjetivo; v. gr.: *hace calor, hacía frío, hace mucho viento.*

VOCABULARIO

relámpagos: véase regla LIV.
éste: véase regla LXIV.
después: véase regla LIV.
oído: lleva acento para hacer dos sílabas del diptongo oi.
frío: acentuado como *oído* para separar el diptongo.
oímos: como *oído* arriba.
di; dió; fuí; fué: (regla LII).

> FORMAS IRREGULARES: *asciende*, de *ascender* (**10**); *llueve*, de *llover* (**13**); *oye, oiga, oigo*, de *oír* (**37**); *veo*, de *ver* (**45**); *puse, puso, pusimos, pusieron*, de *poner* (**39**); *vine, vino, vinimos, vinieron*, de *venir* (**44**).

Lección 27.ª

REGLAS

LXIX. Delante del substantivo se usan *mi, mis; su, sus;* después las formas son *mío, mía, míos, mías; suyo, suya, suyos, suyas.* (**51, B**)

LXX. El gerundio es invariable; v. gr.: *volando el pájaro, volando la paloma, volando los pájaros, volando las palomas.*

VOCABULARIO

lo mismo: véase regla xxxii.

quitarse . . . ponerse la ropa: el estudiante debe formar oraciones empleando las formas *quitarme, quitarnos; ponerme, ponernos; me quito, se quita, nos quitamos, se quitan; me pongo, se pone, nos ponemos, se ponen,* etc.

le duele: practíquense las formas, *me duele, le duele,* etc.

propio descuido: descuido de nosotros mismos.

actualmente: al presente.

me alegro de saberlo: repítase varias veces.

espero tener el gusto de: repítase varias veces.

a visitar unas amigas: véase regla xlix.

sea: subjuntivo de *ser;* después de *por* y un adjetivo y *que;* la misma construcción: *por grande que sea, por mucho que quiera.*

> FORMAS IRREGULARES: *hecho,* p. p. de *hacer* (35); *siente,* de *sentir* (22); *duele,* de *doler* (13); *suena,* de *sonar* (12); *comienza,* de *comenzar* (9); *empieza,* de *empezar* (9); *puedo,* de *poder* (38).

Lección 28.ª

REGLAS

lxxi. Después de ciertas conjunciones de tiempo, de condición, de fin, de concesión y de excepción, se usa el subjuntivo; v. gr.:

(a) de tiempo: *siéntese hasta que venga el señor.*

(b) de condición: *en caso de que haya salido, deje esta carta.*

(c) de fin: *para que no sea difícil de cultivar.*

(d) de concesión: *aunque fuera así, no podríamos hacerlo.*

(e) de excepción: *a menos que me paguen hoy, estoy arruinado.*

Lección 29.ª

REGLAS

LXXII. El pronombre **se** es dativo cuando reemplaza a **le** o **les** antes de otros pronombres que comienzan con la letra l (véase regla XXXIX); v. gr.: *Si usted tiene el libro de María, déselo.*

LXXIII. El pronombre **se** es acusativo en cuatro usos:

(*a*) con verbos impersonales: *Se dice que Omar es un bandido.*

(*b*) con verbos reflexivos: *Se levantó a las seis; se me hace tarde.*

(*c*) con verbos recíprocos: *¿Se parecen Lola y Manuela?*

(*d*) en el pasivo idiomático: *¿Cómo se hace la ensalada?*

LXXIV. Todos los adjetivos numerales que terminan en **un, uno** y **cientos** concuerdan con el substantivo; v. gr.: *veintiún caballos; veintiuna vacas; doscientos pollos; trescientas gallinas.* (Pero *cien muchachos, cien muchachas.*)

VOCABULARIO

se hace: véase regla LXIII.

ciento: véase regla XXII.

doscientos; trescientos, etc.: véase regla LXIV.

le gusta; gustarse: véase regla XXXVI.

comérselo: *comer+se+lo;* véase regla LXIII. En este caso se emplea *se* para dar más énfasis y viveza al acto indicado por el verbo. Ejemplos familiares son: *irse, comerse* y *llevarse.*

Ya me voy: espontaneidad en la acción.

Juan se va: John goes (is going) away.

Me comí todos los melocotones: avidez o gran interés; *I ate up all the peaches.*

Se lo llevó: carried it off (espontáneamente).

darles de comer: repítase varias veces en alta voz.

tienen hambre: véase regla LXVI.

mejor y peor: comparativos de *bueno* y *malo*.

gran y mayor: véanse reglas XII, XXII, XLV.

mayor que María: véase regla XLIV.

menor que Juan: véase regla XLIV.

lo más pronto: véase regla XXXII.

alquilada: véase regla LX.

se parecen: véase regla LXXIII (*c*).

se le comiera: véase regla LVI.

hubo: véase regla XXVIII.

víctimas: en singular *víctima* (regla LIV).

gozan: véase regla XLIII.

de prueba: para probar si le conviene comprar de ellos.

lo único: véase regla XXXII.

concedan: de *conceder* (regla LVI).

ppdo.: próximo pasado (mes).

afmo.: afectísimo.

FORMAS IRREGULARES: *frito*, p.p. de *freír* (21); *consuela*, de *consolar* (12); *parezco*, de *parecer* (16).

Lección 30.ª

REGLAS

LXXV. El superlativo absoluto, que expresa la cualidad del adjetivo en sumo grado, se forma con la adición de *ísimo* o *érrimo*; v. gr.: de *grande, grandísimo*; de *célebre, celebérrimo*.

NOTA: Los principales adjetivos irregulares son: *bonísimo* y *óptimo* de *bueno*; *pésimo* de *malo*; *máximo* de *grande*; *mínimo* de *pequeño*; *sumo* o *supremo* de *alto*; *ínfimo* de *bajo* y *amabilísimo* de *amable*.

También se usan las formas regulares de *malísimo, grandísimo, pequeñísimo, altísimo*, etc.

VOCABULARIO

¿qué quiere decir?: repítase en alta voz varias veces.

o grupo: véase regla XIII.

se llama bosque: se omite el artículo después del verbo *llamar*.

frutos: en general todo lo que produce una planta es su *fruto; la fruta* es lo que se come o puede comerse.

el fuego o lumbre: véase regla XIII.

a que no saben: frase idiomática como en inglés *I bet you don't know.*

a que sí: equivalente a *I bet I do.*

para apagar: uso del infinitivo. Véase regla LV.

tengo que estudiarla: véase regla XXIX.

hay que afilarla: véase regla XXIX.

en la mesa: a la mesa.

apague usted: véase regla XLII.

pte.: presente (mes).

> FORMAS IRREGULARES: *enciende*, de *encender* (10); *me siento, se sienta, se sientan*, de *sentarse* (9); *quiero, quiere, quieren, quise, quiso, quisimos, quisieron*, de *querer* (40); *anduve, anduvo, anduvimos, anduvieron*, de *andar* (29).

> NOTA: En adelante se suprimirá la sección de Vocabulario puesto que el estudiante ya debe tener suficientes conocimientos.

Lección 31.ª
REGLAS

LXXVI. La comparación de igualdad se hace con el formulario: **tan . . . como**; v. gr.: *Dolores es **tan** grande **como** Mercedes. Juan no es **tan** alto **como** Antonio.*

NOTA: Con substantivos el formulario es *tanto, tanta, tantos o tantas . . . como*; v. gr.: *Tengo **tanto** dinero como usted. Manuel no tiene **tantas** pesetas como Antonio.*

Lección 32.ª

REGLAS

lxxvii. En los casos siguientes se emplea la preposición **para**:

(a) destino: *Este libro es para usted.*

(b) fin: *Estudio para saber.*

(c) movimiento: *Salgo para la calle.*

(d) tiempo determinado: *Nada deje para mañana.*

(e) relación de unas cosas con otras: *Para principiante, no lo hace mal.*

(f) proximidad de algún hecho: *Está para llover.*

(g) intención de una persona: *Estoy para salir.*

Lección 33.ª

REGLAS

lxxviii. En los casos siguientes se emplea la preposición **por**:

(a) agente: *El mundo fué hecho por Dios.*

(b) objeto de una acción: *Salgo sin sobretodo por ir más ligero.*

(c) rumbo o vía: *El tren pasa por El Paso.*

(d) duración de tiempo: *Estaré aquí por dos meses.*

(e) en busca de: *Vaya por el pan.*

(f) en favor de: *Hable usted por mí.*

(g) en lugar de: *Si usted no quiere ir, yo iré por usted.*

(h) en cambio de: *Le doy mi caballo por su reloj.*

(i) precio: *¿Cuánto pide usted por el caballo?*

(j) modo: *Lo hace por fuerza.*

(k) opinión: *El señor Villareal pasa por rico.*

(l) sin: *La carta está por escribir.*

(m) clase o cualidad: *Me adoptó por hijo.*

C. TABLAS GRAMATICALES

(1) LOS VERBOS

Índice de Conjugaciones

acertar, 9

adquirir, 24

agradecer, 16

andar, 29

asir, 30

caber, 31

caer, 32

comer, 4

conducir, 19

conocer, 17

contar, 12

dar, 33

decir, 34

discernir, 11

dormir, 26

entender, 10

estar, 8

haber, 1, 2

hacer, 35

huir, 25

ir, 36

jugar, 23

lavarse, 6

lucir, 18

mover, 13

nacer, 15

oír, 37

oler, 14

pasar, 3

pedir, 20

poder, 38

poner, 39

querer, 40

reír, 21

saber, 41

salir, 28

sentir, 22

ser, 7

tener, 42

traer, 43

valer, 27

venir, 44

ver, 45

vivir, 5

participios irregulares, 46, 47

Conjugación de los Verbos

1. haber (verbo auxiliar)   ### 2. haber (verbo impersonal)

MODO INDICATIVO		MODO INDICATIVO
Presente		*Presente*
SINGULAR	PLURAL	SINGULAR Y PLURAL
yo he	nosotros hemos	
tú has	vosotros habéis	
él *o* Vd. ha	ellos *o* Vds. han	hay

Imperfecto		*Imperfecto*
había	habíamos	
habías	.habíais	
había	habían	había

Pretérito		*Pretérito*
hube	hubimos	
hubiste	hubisteis	
hubo	hubieron	hubo

Futuro		*Futuro*
habré	habremos	
habrás	habréis	
habrá	habrán	habrá

Presente de SUBJUNTIVO		*Presente de* SUBJUNTIVO
haya	hayamos	
hayas	hayáis	
haya	hayan	haya

MODO INFINITIVO	MODO INFINITIVO
haber	haber

GERUNDIO	PARTICIPIO	GERUNDIO	PARTICIPIO
habiendo	habido	habiendo	habido

3. pasar, ejemplo de la primera conjugación:

MODO INDICATIVO
Presente

SINGULAR	PLURAL
paso	pasamos
pasas	pasáis
pasa	pasan

Imperfecto

pasaba	pasábamos
pasabas	pasabais
pasaba	pasaban

Pretérito

pasé	pasamos
pasaste	pasasteis
pasó	pasaron

Futuro

pasaré	pasaremos
pasarás	pasaréis
pasará	pasarán

Presente de SUBJUNTIVO

pase	pasemos
pases	paséis
pase	pasen

MODO IMPERATIVO[1]

	pasemos
pasa	pasad
pase	pasen

MODO INFINITIVO
pasar

GERUNDIO	PARTICIPIO
pasando	pasado

4. comer, ejemplo de la segunda conjugación

MODO INDICATIVO
Presente

SINGULAR	PLURAL
como	comemos
comes	coméis
come	comen

Imperfecto

comía	comíamos
comías	comíais
comía	comían

Pretérito

comí	comimos
comiste	comisteis
comió	comieron

Futuro

comeré	comeremos
comerás	comeréis
comerá	comerán

Presente de SUBJUNTIVO

coma	comamos
comas	comáis
coma	coman

MODO IMPERATIVO[1]

	comamos
come	comed
coma	coman

MODO INFINITIVO
comer

GERUNDIO	PARTICIPIO
comiendo	comido

[1] Nótese que el imperativo no tiene más formas que las de la segunda persona, singular y plural. Para hacer les veces de la tercera persona singular y plural, y de la primera persona plural, se usan las formas presente de subjuntivo (véase página 260).

5. vivir, ejemplo de tercera conjugación:

MODO INDICATIVO
Presente

SINGULAR	PLURAL
vivo	vivimos
vives	vivís
vive	viven

Imperfecto

vivía	vivíamos
vivías	vivíais
vivía	vivían

Pretérito

viví	vivimos
viviste	vivisteis
vivió	vivieron

Futuro

viviré	viviremos
vivirás	viviréis
vivirá	vivirán

Presente de SUBJUNTIVO

viva	vivamos
vivas	viváis
viva	vivan

MODO IMPERATIVO

	vivamos
vive	vivid
viva	vivan

MODO INFINITIVO
vivir

GERUNDIO	PARTICIPIO
viviendo	vivido

6. lavarse, ejemplo de la conjugación de verbo reflexivo:

MODO INDICATIVO
Presente

SINGULAR	PLURAL
me lavo	nos lavamos
te lavas	os laváis
se lava	se lavan

Imperfecto

me lavaba	nos lavábamos
te lavabas	os lavabais
se lavaba	se lavaban

Pretérito

me lavé	nos lavamos
te lavaste	os lavasteis
se lavó	se lavaron

Futuro

me lavaré	nos lavaremos
te lavarás	os lavaréis
se lavará	se lavarán

Presente de SUBJUNTIVO

me lave	nos lavemos
te laves	os lavéis
se lave	se laven

MODO IMPERATIVO

	lavémonos
lávate	lavaos
lávese	lávense

MODO INFINITIVO
lavarse

GERUNDIO	PARTICIPIO
lavándose	se . . . lavado

Tablas Gramaticales

7. Conjugación del verbo auxiliar ser:

MODO INDICATIVO

Presente

SINGULAR	PLURAL
soy	somos
eres	sois
es	son

Imperfecto

era	éramos
eras	erais
era	eran

Pretérito

fuí	fuimos
fuiste	fuisteis
fué	fueron

Futuro

seré	seremos
serás	seréis
será	serán

Presente de SUBJUNTIVO

sea	seamos
seas	seáis
sea	sean

MODO IMPERATIVO

	seamos
sé	sed
sea	sean

MODO INFINITIVO
ser

GERUNDIO	PARTICIPIO
siendo	sido

8. Conjugación del verbo auxiliar estar:

MODO INDICATIVO

Presente

SINGULAR	PLURAL
estoy	estamos
estás	estáis
está	están

Imperfecto

estaba	estábamos
estabas	estabais
estaba	estaban

Pretérito

estuve	estuvimos
estuviste	estuvisteis
estuvo	estuvieron

Futuro

estaré	estaremos
estarás	estaréis
estará	estarán

Presente de SUBJUNTIVO

esté	estemos
estés	estéis
esté	estén

MODO IMPERATIVO

	estemos
está	estad
esté	estén

MODO INFINITIVO
estar

PARTICIPIO	GERUNDIO
estado	estando

Tabla de las Terminaciones de los Verbos regulares de las tres Conjugaciones

	INFINITIVO	GERUNDIO	PARTICIPIO
Primera Conjugación:	–ar	–ando	–ado (a)
Segunda Conjugación:	–er	–iendo	–ido (a)
Tercera Conjugación:	–ir	–iendo	–ido (a)

MODO INDICATIVO			MODO SUBJUNTIVO		
Presente			*Presente*		
1a Conj.	2a Conj.	3a Conj.	1a Conj.	2a Conj.	3a Conj.
–o	–o	–o	–e	–a	–a
–as	–es	–es	–es	–as	–as
–a	–e	–e	–e	–a	–a
–amos	–emos	–imos	–emos	–amos	–amos
–áis	–éis	–ís	–éis	–áis	–áis
–an	–en	–en	–en	–an	–an
Imperfecto			*Imperfecto: Primera Forma*		
–aba	–ía	–ía	–ara	–iera	–iera
–abas	–ías	–ías	–aras	–ieras	–ieras
–aba	–ía	–ía	–ara	–iera	–iera
–ábamos	–íamos	–íamos	–áramos	–iéramos	–iéramos
–abais	–íais	–íais	–arais	–ierais	–ierais
–aban	–ían	–ían	–aran	–ieran	–ieran
Pretérito			*Imperfecto: Segunda Forma*		
–é	–í	–í	–ase	–iese	–iese
–aste	–iste	–iste	–ases	–ieses	–ieses
–ó	–ió	–ió	–ase	–iese	–iese
–amos	–imos	–imos	–ásemos	–iésemos	–iésemos
–asteis	–isteis	–isteis	–aseis	–ieseis	–ieseis
–aron	–ieron	–ieron	–asen	–iesen	–iesen
Futuro			*Futuro*		
–é	–é	–é	–are	–iere	–iere
–ás	–ás	–ás	–ares	–ieres	–ieres
–á	–á	–á	–are	–iere	–iere
–emos	–emos	–emos	–áremos	–iéremos	–iéremos
–éis	–éis	–éis	–areis	–iereis	–iereis
–án	–án	–án	–aren	–ieren	–ieren

CONDICIONAL

(Únicas desinencias: sirven para cada una de las conjugaciones)

SINGULAR	PLURAL
-ía	-íamos
ías	-íais
-ía	-ían

MODO IMPERATIVO

SINGULAR			PLURAL		
—	—	—	(—emos)	(—amos)	(—amos
-a	—e	—e	-ad	—ed	-id
(-e)	(-a)	(-a)	(-en)	(-an)	(-an)

NOTAS SOBRE LA CONJUGACIÓN DE ALGUNOS VERBOS IRREGULARES

1. Los siguientes y sus compuestos no llevan acento en la última sílaba del singular del pretérito.

decir	(dij)	poder (pud)	hacer (hi°)	tener (tuv)	caber (cup)
traer	(traj)	poner (pus)	querer (quis)	estar (estuv)	saber (sup)
reducir (reduj)			venir (vin)	andar (anduv)	haber (hub)

2. Los siguientes y sus compuestos hacen contracción del infinitivo para formar el futuro y el condicional:

decir (dir)	poder (podr)	salir (saldr)
hacer (har)	saber (sabr)	tener (tendr)
caber (cabr)	querer (querr)	valer (valdr)
haber (habr)	poner (pondr	venir (vendr)

3. El tiempo imperfecto es regular en todos los verbos, a excepción de tres: (era); ir (iba); ver (veía).

4. Seis verbos tienen irregular la terminación de la primera persona del singular del presente de indicativo; son:

dar (doy)	haber (he)	saber (sé)
estar (estoy)	ir (voy)	ser (soy)

5. Tres verbos tienen irregular la primera persona plural del presente de indicativo; son:

haber (hemos)	ir (vamos)	ser (somos)

Verbos Irregulares Clasificados

Los verbos de las doce clases siguientes sufren una leve alteración en algunos de sus tiempos y personas En los ejemplos que siguen se contienen sólo las formas irregulares; siendo regulares las demás, esto es, semejantes a las de los modelos *pasar, comer* y *vivir*.

Se omiten los imperfectos de subjuntivo, que se forman añadiendo las terminaciones regulares a la raíz de la tercera persona singular del pretérito de indicativo.

I

Muchos verbos de la primera y la segunda conjugación y todos los de la tercera, que contienen una *e* en la penúltima sílaba, toman una *i* antes de esa letra radical cuando el acento cae en dicha sílaba:

9. acertar	10. entender	11. discernir
Presente de INDICATIVO		
yo acierto	entiendo	discierno
tú aciertas	entiendes	disciernes
él o Vd. acierta	entiende	discierne
ellos o Vds. aciertan	entienden	disciernen
Presente de SUBJUNTIVO		
yo acierte	entienda	discierna
tu aciertes	entiendas	disciernas
él acierte	entienda	discierna
ellos acierten	entiendan	disciernan
MODO IMPERATIVO		
acierta tú	entiende	discierne
acierte él o Vd.	entienda	discierna
acierten ellos o Vds.	entiendan	disciernan

II

Muchos verbos de la primera y segunda conjugación, que contienen una *o* en la penúltima sílaba, cambian esta radical en *ue* si dicha sílaba está acentuada:

12. contar

Presente de INDICATIVO

yo cuento	muevo
tú cuentas	mueves
él *o* Vd. cuenta	mueve
ellos *o* Vds. cuentan	mueven

13. mover

Presente de SUBJUNTIVO

cuente	mueva
cuentes	muevas
cuente	mueva
cuenten	muevan

MODO IMPERATIVO

cuenta tú		mueve tú	
cuente él *o* Vd.	cuenten ellos *o* Vds.	mueva él *o* Vd.	muevan ellos *o* Vds.

14. Oler ofrece la irregularidad de tomar una *h* antes del diptongo radical *ue*, aunque en otros casos mantiene la regularidad:

Presente de INDICATIVO	*Presente de* SUBJUNTIVO	MODO IMPERATIVO
yo huelo	huela	
tú hueles	huelas	huele tú
él *o* Vd. huele	huela	huela él *o* Vd.
ellos *o* Vds. huelen	huelan	huelan ellos *o* Vds.

III

Fuera de unas pocas excepciones, los verbos terminados en *–acer, –ecer, –ocer* y *–ucir* toman una *z* antes de la *c* radical siempre que esta letra va seguida de *a* u *o*:

15. nacer   16. agradecer   17. conocer   18. lucir

Presente de INDICATIVO

yo nazco	agradezco	conozco	luzco

Presente de SUBJUNTIVO

yo nazca	agradezca,	conozca,	luzca,
tú nazcas	etc.	etc.	etc.
él *o* Vd. nazca			
nosotros nazcamos			
vosotros nazcáis			
ellos *o* Vds. nazcan			

MODO IMPERATIVO

nazca él *o* Vd.	agradezca	conozca	luzca
nazcamos nosotros	agradezcamos	conozcamos	luzcamos
nazcan ellos *o* Vds.	agradezcan	conozcan	luzcan

Las excepciones son *mecer* y *remecer; hacer* y sus compuestos; *placer, yacer, cocer, escocer, recocer;* y los terminados en *–ducir,* que tienen otra forma de irregularidad.

IV

Todos los verbos terminados en *–ducir* tienen la misma
irregularidad que los de la tercera clase y además algunas
otras:

19. conducir

MODO INDICATIVO			MODO SUBJUNTIVO	
Presente	*Pretérito*		*Presente*	
yo conduzco	conduje	condujimos	conduzca	conduzcamos
	condujiste	condujisteis	conduzcas	conduzcáis
	condujo	condujeron	conduzca	conduzcan

MODO IMPERATIVO

	conduzcamos nosotros
conduzca él o Vd.	conduzcan ellos o Vds.

V

Se compone la quinta clase de todos los verbos terminados en *–añer, –añir, –iñir, –uñir* y en *–eller* y *–ullir.*

(Se omiten los ejemplos de esta clase por ser de poco
uso para el principiante.)

VI

Son de la sexta clase *servir* y todos los verbos terminados
en *–ebir, –edir, –egir, –eguir, –emir, –enchir, –endir, –estir*
y *–etir.* Ejemplo:

20. pedir

MODO INDICATIVO		MODO SUBJUNTIVO	
Presente	*Pretérito*	*Presente*	
yo pido		pida	pidamos
tú pides		pidas	pidáis
él o Vd. pide	pidió	pida	pidan
ellos o Vds. piden	pidieron		

MODO IMPERATIVO   **GERUNDIO**

pidamos nosotros   pidiendo

pide tú

pida él *o* Vd.   pidan ellos *o* Vds.

VII

Son de la séptima clase los verbos terminados en —*eir* y —*eñir*. Ejemplo:

21. reír

MODO INDICATIVO   **MODO SUBJUNTIVO**

Presente	*Pretérito*	*Presente*	
yo río		ría	riamos
tú ríes		rías	riáis
él *o* Vd. ríe	él *o* Vd. rió	ría	rían
ellos *o* Vds. ríen	ellos *o* Vds. rieron		

MODO IMPERATIVO   **GERUNDIO**

riamos nosotros   riendo

ríe tú

ría él *o* Vd.   rían ellos *o* Vds.

VIII

Son de la octava clase **hervir** y **rehervir** y todos los terminados en —*entir*, —*erir* y —*ertir*. Ejemplo:

22. sentir

MODO INDICATIVO   **MODO SUBJUNTIVO**

Presente	*Pretérito*	*Presente*	
yo siento		sienta	sintamos
tú sientes		sientas	sintáis
él *o* Vd. siente	sintió	sienta	sientan
ellos *o* Vds. sienten	sintieron		

MODO IMPERATIVO   **GERUNDIO**

sintamos nosotros   sintiendo

siente tú

sienta él *o* Vd.   sientan ellos *o* Vds.

IX

Pertenecen a esta clase **jugar** y los terminados en *–irir*. Ejemplos:

23. jugar

Presente de INDICATIVO

yo juego	adquiero		
tú juegas	adquieres		
él o Vd. juega	adquiere		
ellos o Vds. juegan	adquieren		

24. adquirir

Present de SUBJUNTIVO

juegue	adquiera		
juegues	adquieras		
juegue	adquiera		
jueguen	adquieran		

MODO IMPERATIVO

juega tú
juegue él o Vd.   jueguen ellos o Vds.

adquiere
adquiera ·   adquieran

X

Los verbos terminados en *–uir*, menos *inmiscuir*, toman en algunos tiempos y personas una *y* después de la *u* radical. Ejemplo:

25. huir

Presente de INDICATIVO

yo huyo
tú huyes
él o Vd. huye   ellos o Vds. huyen

Presente de SUBJUNTIVO

huya	huyamos
huyas	huyáis
huya	huyan

MODO IMPERATIVO

huyamos nosotros
huye tú
huya él o Vd.   huyan ellos o Vds.

Los verbos de esta clase toman también una *y* en lugar de la *i* de las terminaciones regulares en muchas de sus formas; v. gr.: *huyó, huyeron; huyera, huyese, huyere; huyendo;* pero esto no debe considerarse como irregularidad.

XI

Pertenecen a este grupo los verbos **dormir** y **morir** y sus compuestos. Cambian la *o* radical algunas veces en *ue* y otras en *u*. Ejemplo:

26. dormir

MODO INDICATIVO		MODO SUBJUNTIVO	
Presente	*Pretérito*	*Presente*	
yo duermo		duerma	durmamos
tú duermes		duermas	durmáis
él *o* Vd. duerme	durmió	duerma	duerman
ellos *o* Vds. duermen	durmieron		

MODO IMPERATIVO		GERUNDIO
	durmamos nosotros	durmiendo
duerme tú		
duerma él *o* Vd.	duerman ellos *o* Vds.	

Es regular el participio de **dormir** e irregular el de **morir, muerto**.

XII

Figuran en esta categoría los verbos **valer**, **salir** y sus compuestos. Ejemplos:

27. valer   28. salir

Presente de INDICATIVO

yo valgo		salgo

Futuro de Imperfecto

yo valdré	nosotros valdremos	saldré	saldremos
tú valdrás	vosotros valdréis	saldrás	saldréis
él *o* Vd. valdrá	ellos *o* Vds. valdrán	saldrá	saldrán

Presente de SUBJUNTIVO

yo valga	nosotros valgamos	salga	salgamos
tú valgas	vosotros valgáis	salgas	salgáis
él *o* Vd. valga	ellos *o* Vds. valgan	salga	salgan

MODO IMPERATIVO

valgamos nosotros   salgamos nosotros

val *o* vale tú   sal

valga él *o* Vd.   valgan ellos *o* Vds.   salga   salgan

VERBOS IRREGULARES NO CLASIFICADOS

Los verbos siguientes tienen irregularidades que les son peculiares. Señálanse en estos verbos, como en los anteriores, solamente las personas que poseen la irregularidad; en todas las demás la conjugación sigue las formas establecidas para los verbos regulares.

29. andar

MODO INDICATIVO

Presente   *Pretérito*

yo asgo   yo anduve
           tú anduviste
           él *o* Vd. anduvo
           nosotros anduvimos
           vosotros anduvisteis
           ellos *o* Vds. anduvieron

30. asir

MODO SUBJUNTIVO

Presente

asga   asgamos
asgas   asgáis
asga   asgan

MODO IMPERATIVO

asgamos nosotros

asga él *o* Vd.   asgan ellos *o* Vds.

31. caber

MODO INDICATIVO

Presente		*Pretérito*		*Futuro*	
yo quepo	cupe	cupimos	cabré	cabremos
	cupiste	cupisteis	cabrás	cabréis
	cupo	cupieron	cabrá	cabrán

Presente de SUBJUNTIVO   MODO IMPERATIVO

quepa   quepamos   quepamos nosotros
quepas   quepáis
quepa   quepan   quepa él *o* Vd.   quepan ellos *o* Vds.

32. caer

Pres. de IND.   *Pres. de* SUBJ.   MODO IMPERATIVO

yo caigo   caiga   caigamos   caigamos nosotros
            caigas caigáis
            caiga   caigan   caiga él *o* Vd.   caigan ellos *o* Vds.

33. dar

MODO INDICATIVO

Presente		*Pretérito*	
yo doy		di	dimos
		diste	disteis
		dió	dieron

Dé, la tercera persona del singular del presente de sub-juntivo del verbo **dar**, se acentúa al objeto de distinguirla de la preposición *de*.

34. decir

MODO INDICATIVO

Presente		*Pretérito*		*Futuro*	
yo digo		dije	dijimos	diré	diremos
tú dices		dijiste	dijisteis	dirás	diréis
él *o* Vd. dice	ellos *o* Vds. dicen	dijo	dijeron	dirá	dirán

Pres. de SUBJUNCTIVO		MODO IMPERATIVO	
diga	digamos		digamos nosotros
digas	digáis	di tú	
diga	digan	diga él *o* Vd.	digan ellos *o* Vds.

GERUNDIO	PARTICIPIO
diciendo	dicho

estar: véase 8.

haber: véanse 1 y 2.

35. hacer

MODO INDICATIVO

Presente	*Pretérito*		*Futuro*	
hago	hice	hicimos	haré	haremos
	hiciste	hicisteis	harás	haréis
	hizo	hicieron	hará	harán

Pres. de SUBJUNTIVO		MODO IMPERATIVO		PARTICIPIO
haga	hagamos		hagamos	hecho
hagas	hagáis	haz		
haga	hagan	haga	hagan	

36. ir

MODO INDICATIVO

Presente		*Imperfecto*		*Pretérito*		*Futuro*	
voy	vamos	iba	íbamos	fuí	fuimos	iré	iremos
vas	vais	ibas	ibais	fuiste	fuisteis	irás	iréis
va	van	iba	iban	fué	fueron	irá	irán

Pres. de SUBJUNTIVO		MODO IMPERATIVO		GERUNDIO
vaya	vayamos		vayamos nosotros	yendo
vayas	vayáis	ve	idos	
vaya	vayan	vaya	vayan	

37. oír

Pres. de INDICATIVO		*Pres. de* SUBJUNTIVO		MODO IMPERATIVO	
oigo		oiga	oigamos		oigamos
oyes		oigas	oigáis	oye	
oye	oyen	oiga	oigan	oiga	oigan

GERUNDIO
oyendo

38. poder

MODO INDICATIVO

Presente		*Pretérito*		*Futuro*	
puedo		pude	pudimos	podré	podremos
puedes		pudiste	pudisteis	podrás	podréis
puede	pueden	pudo	pudieron	podrá	podrán

Pres. de SUBJ.		MODO IMPERATIVO		GERUNDIO
pueda				pudiendo
puedas		puede		
pueda	puedan	pueda	puedan ellos	

39. poner

MODO INDICATIVO

Presente	*Pretérito*		*Futuro*	
pongo	puse	pusimos	pondré	pondremos
	pusiste	pusisteis	pondrás	pondréis
	puso	pusieron	pondrá	pondrán

Presente de SUBJUNTIVO		MODO IMPERATIVO		PARTICIPIO
ponga	pongamos		pongamos	puesto
pongas	pongáis	pon		
ponga	pongan	ponga	pongan ellos	

Se conjugan como **poner** sus compuestos *anteponer, componer, deponer, presuponer, posponer,* etc.

40. querer

MODO INDICATIVO

Presente		*Pretérito*		*Futuro*	
quiero		quise	quisimos	querré	querremos
quieres		quisiste	quisisteis	querrás	querréis
quiere	quieren	quiso	quisieron	querrá	querrán

Presente de SUBJUNTIVO		MODO IMPERATIVO	
quiera			
quieras		quiere	
quiera	quieran	quiera	quieran

41. saber

MODO INDICATIVO

Presente	*Pretérito*		*Futuro*	
yo sé	supe	supimos	sabré	sabremos
	supiste	supisteis	sabrás	sabréis
	supo	supieron	sabrá	sabrán

Presente de SUBJUNTIVO		MODO IMPERATIVO	
sepa	sepamos		sepamos
sepas	sepáis		
sepa	sepan	sepa	sepan

ser: véase **7.**

42. tener

MODO INDICATIVO

Presente		*Pretérito*		*Futuro*	
tengo		tuve	tuvimos	tendré	tendremos
tienes		tuviste	tuvisteis	tendrás	tendréis
tiene	tienen	tuvo	tuvieron	tendrá	tendrán

Presente de SUBJUNTIVO

		MODO IMPERATIVO	
tenga	tengamos		tengamos
tengas	tengáis	ten	
tenga	tengan	tenga	tengan

43. traer

MODO INDICATIVO

Presente

traigo

Pretérito

traje	trajimos
trajiste	trajisteis
trajo	trajeron

Presente de SUBJUNTIVO

		MODO IMPERATIVO	
traiga	traigamos		traigamos
traigas	traigáis		
traiga	traigan	traiga	traigan

44. venir

MODO INDICATIVO

Presente		*Pretérito*		*Futuro*	
vengo		vine	vinimos	vendré	vendremos
vienes		viniste	vinisteis	vendrás	vendréis
viene	vienen	vino	vinieron	vendrá	vendrán

Presente de SUBJUNTIVO

		MODO IMPERATIVO		GERUNDIO
venga	vengamos		vengamos	viniendo
vengas	vengáis	ven		
venga	vengan	venga	vengan	

45. ver

INDICATIVO

Presente

veo

Imperfecto

veía	veíamos
veías	veíais
veía	veían

Presente de SUBJUNTIVO

		MODO IMPERATIVO		PARTICIPIO
vea	veamos		veamos	visto
veas	veáis			
vea	vean	vea	vean	

Participios Irregulares

Son irregulares los participios que no acaban en *-ado* o en *-ido*. Los siguientes son todos verbos regulares, con sus compuestos, que tienen los participios irregulares:

46.

abrir	abierto	escribir	escrito
cubrir	cubierto	imprimir	impreso

Los siguientes son todos verbos irregulares, con sus compuestos, que tienen participios irregulares:

47.

decir	dicho	romper	roto
freír	frito	satisfacer	satisfecho
hacer	hecho	resolver	resuelto
morir	muerto	ver	visto
poner	puesto	volver	vuelto

Lista de Formas Irregulares de los Verbos

Generalmente, cuando hay várias formas con la misma raíz irregular, se dará solamente una, y ésta con preferencia la primera persona del singular en presente y la tercera del singular del pretérito y del futuro, porque de estas formas se hacen las otras irregulares; por ejemplo:

Raíz de Presente	**Raíz de Pretérito**
Presente de indicativo	Pretérito de indicativo
Presente de subjuntivo	Imperfectos de subjuntivo
Imperativo	Futuro de subjuntivo
Gerundio (comúnmente)	Gerundio (algunas veces)

Raíz de Futuro
Condicional

Nota: Muchas veces la referencia es a otro verbo que tiene la misma irregularidad; por ejemplo, *sirvo* se refiere a *pedir* (20).

}. abierto: *abrir*, 46[1]
acierto: *acertar*, 9
acuerdo: *acordar*, 12
acuesto: *acostar*, 12
adquiero: *adquirir*, 24
agradezco: *agradecer*, 16
almuerzo: *almorzar*, 12
anduvo: *andar*, 29
atravieso: *atravesar*, 9
cabrá: *caber*, 31
caigo: *caer*, 32
cierro: *cerrar*, 9
comience: *comenzar*, 9
comienzo: *comenzar*, 9
compongo: *componer*, 39
compuesto: *componer*, 39, 47
compuso: *componer*, 39
condujo: *conducir*, 19
conduzco: *conducir*, 19
confieso: *confesar*, 9
conozco: *conocer*, 17
consuelo: *consolar*, 12
contengo: *contener*, 42
contiene: *contener*, 42
contuvo: *contener*, 42
convengo: *convenir*, 44
conviene: *convenir*, 44
cubierto: *cubrir*, 46
cuento: *contar*, 12
cuesta: *costar*, 12
cupo: *caber*, 31
dé: *dar*, 33
descompuesto: *descomponer*, 47, 39
descubierto: *descubrir*, 46
descuento: *descontar*, 12
despidió: *despedir*, 20

despido: *despedir*, 20
despierto: *despertar*, 9, 4
detener: véase *tener*, 42
devuelto: *devolver*, 47
devuelvo: *devolver*, 13
di: *dar*, 33
di: *decir*, 34
dice: *decir*, 34
dicho: *decir*, 34, 47
digo: *decir*, 34
dijo: *decir*, 34
dirá: *decir*, 34
discierno: *discernir*, 11
divierto: *divertir*, 11
divirtió: *divertir*, 11
doy: *dar*, 33
duele: *doler*, 13
duermo: *dormir*, 26
durmió: *dormir*, 26
enciendo: *encender*, 10
entiendo: *entender*, 10
era: *ser*, 7
es: *ser*, 7
escrito: *escribir*, 46
está: *estar*, 8
esté: *estar*, 8
estoy: *estar*, 8
estuvo: *estar*, 8
frío: *freír*, 21
frió: *freír*, 21
frito: *freír*, 47
fué: *ser* o *ir*, 7, 36
ha: *haber*, 1
habrá: *haber*, 1, 2
hago: *hacer*, 35
hará: *hacer*, 35
hay: *haber*, 2

[1] Los números se refieren a las secciones de la Conjugación de
erbos (páginas 278 a 293) donde se encontrarán las formas irregula
: los mismos verbos o de otros de la misma irregularidad.

he: *haber*, 1
hecho: *hacer*, 35, 47
hice: *hacer*, 35
hiero: *herir*, 22
hirió: *herir*, 22
hizo: *hacer*, 35
hubo: *haber*, 1, 2
huele: *oler*, 14
huyo: *huir*, 25
huyó: *huir*, 25
iba: *ir*, 36
impreso: *imprimir*, 46
inscrito: *inscribir*, 46
juego: *jugar*, 23
leyó: *leer* (no es irregular)
luzco: *lucir*, 18
llueve: *llover*, 13
manifiesto: *manifestar*, 9
muerde: *morder*, 13
muero: *morir*, 26
muerto: *morir*, 26, 47
muevo: *mover*, 13
murió: *morir*, 26
nazco: *nacer*, 15
ofrezco: *ofrecer*, 16
oigo: *oír*, 37
oye: *oír*, 37
parezco: *parecer*, 16
permanezco: *permanecer*, 16
pidió: *pedir*, 20
pido: *pedir*, 20
pienso: *pensar*, 9
pierdo: *perder*, 10
podrá: *poder*, 38
pondrá: *poner*, 39
pongo: *poner*, 39
prefiero: *preferir*, 22
prefirió: *preferir*, 22
prescrito: *prescribir*, 46

produjo: *producir*, 19
pruebo: *probar*, 12
pudo: *poder*, 38
puedo: *poder*, 38
puesto: *poner*, 39, 47
puso: *poner*, 39
quepo: *caber*, 31
querrá: *querer*, 40
quiero: *querer*, 40
quiso: *querer*, 40
refiero: *referir*, 22
refirió: *referir*, 22
remuerde, *remorder*, 13
río: *reír*, 21
rió: *reír*, 21
roto: *romper*, 46
sabrá: *saber*, 41
saldrá: *salir*, 28
salgo: *salir*, 28
satisfecho: *satisfacer*, 47
sé: *saber*, 41
sea: *ser*, 7
sepa: *saber*, 41
siento: { *sentir*, 22
{ *sentar*, 9
sintió: *sentir*, 22
sirvió: *servir*, 20
sirvo: *servir*, 20
son: *ser*, 7
soy: *ser*, 7
suena: *sonar*, 12
sueño: *soñar*, 12
supo: *saber*, 41
supongo: *suponer*, 39
supuso: *suponer*, 39
tendrá: *tener*, 42
tengo: *tener*, 42
tiene: *tener*, 42
traigo: *traer*, 43
trajo: *traer*, 43

tuvo: *tener*, 42
valdrá: *valer*, 27
valga: *valer*, 27
vaya: *ir*, 36
ve: *ver* o *ir*, 45, 36
vendrá: *venir*, 44
vengo: *venir*, 44
veo: *ver*, 45
vi: *ver* } (no son irreg.)
vió: *ver* }

viene: *venir*, 44
vino: *venir*, 44
vistió: *vestir*, 20
visto: *vestir*, 20
voy: *ir*, 36
vuela: *volar*, 12
vuelto: *volver*, 13
vuelvo: *volver*, 13
yendo: *ir* (no es irreg.)

(2) ARTÍCULOS, ADJETIVOS Y PRONOMBRES

49. ARTÍCULOS

	DETERMINADOS		INDETERMINADOS	
	SINGULAR	PLURAL	SINGULAR	PLURAL
Masculino	el	los	un	unos
Femenino	la	las	una	unas
Neutro	lo	——	——	——

Contracciones: de+el = del; a+el = al.

50. ADJETIVOS

A. De comparación irregular:

Positivos	*Comparativos*	*Superlativos Absolutos*
bueno	mejor	óptimo
malo	peor	pésimo
grande	mayor	máximo
pequeño	menor	mínimo
alto	superior	sumo *o* supremo
bajo	inferior	ínfimo

B. Numerales, cardinales:

0	cero	27 { veinte y siete / veintisiete	
1	uno, una	28 { veinte y ocho / veintiocho	
2	dos	29 { veinte y nueve / veintinueve	
3	tres	30	treinta
4	cuatro	31	treinta y uno
5	cinco	32	treinta y dos, etc.
6	seis	40	cuarenta
7	siete	41	cuarenta y uno, etc.
8	ocho	50	cincuenta
9	nueve	51	cincuenta y uno, etc.
10	diez	60	sesenta
11	once	61	sesenta y uno, etc.
12	doce	70	setenta
13	trece	71	setenta y uno, etc.
14	catorce	80	ochenta
15	quince	81	ochenta y uno, etc.
16 { diez y seis / dieciséis		90	noventa
17 { diez y siete / diecisiete		91	noventa y uno, etc.
18 { diez y ocho / dieciocho		100	ciento
19 { diez y nueve / diecinueve		101	ciento y uno, etc.
20	veinte	200	doscientos −as
21 { veinte y uno / veintiuno		300	trescientos −as
22 { veinte y dos / veintidós		400	cuatrocientos −as
23 { veinte y tres / veintitrés		500	quinientos −as
24 { veinte y cuatro / veinticuatro		600	seiscientos −as
25 { veinte y cinco / veinticinco		700	setecientos −as
26 { veinte y seis / veintiséis		800	ochocientos −as
		900	novecientos −as
		1000	mil
		2000	dos mil, etc.
		1,000,000	un millón
		1918	mil novecientos dieci- ocho

C. Numerales, ordinales:

1.º primero –a	10.º décimo –a	21.º vigésimo –a primero –a
primo –a	11.º undécimo –a	vigésimo –a primo –a
2.º segundo –a	12.º duodécimo –a	30.º trigésimo –a
3.º tercero –a	13.º décimotercio –a	40.º cuadragésimo –a
tercio –a	14.º décimocuarto –a	50.º quincuagésimo –a
4.º cuarto –a	15.º décimoquinto –a	60.º sexagésimo –a
5.º quinto –a	16.º décimosexto –a	70.º septuagésimo –a
6.º sexto –a	17.º décimoséptimo –a	80.º octogésimo –a
7.º séptimo –a	18.º décimoctavo –a	90.º nonagésimo –a
8.º octavo –a	19.º décimonoveno –a	100.º centésimo –a
9.º noveno –a	décimonono –a	1000.º milésimo –a
nono –a	20.º vigésimo –a	1,000,000.º millonésimo –a

D. Demostrativos:

SINGULAR		PLURAL	
Masc.	*Fem.*	*Masc.*	*Fem.*
este	esta	estos	estas
ese	esa	esos	esas
aquel	aquella	aquellos	aquellas

51. PRONOMBRES

A. Personales:

1. *Primera persona:*

	SINGULAR	PLURAL
Nominativo	yo	nosotros *o* nos
Dativo y acusativo	me	nos
Con preposiciones	mí *o* migo[1]	nosotros *o* nos

2. *Segunda persona (para uso familiar):*

	SINGULAR	PLURAL
Nominativo	tú	vosotros *o* vos
Dativo y acusativo	te	os
Con preposiciones	ti *o* tigo[1]	vosotros *o* vos

[1] *Migo, tigo* y *sigo* se usan después de *con;* v. gr.: *conmigo, contigo, consigo.*

3. *Segunda persona (uso formal)*:

Nominativo	Vd. (usted)	Vds. (ustedes)
Dativo y acusativo	le, lo *o* la	les, los *o* las
Con preposiciones	Vd.	Vds.

4. *Tercera persona (masculina)*:

Nominativo	él	ellos
Dativo	le	les
Acusativo	lo *o* le	los
Con preposiciones	él	ellos

5. *Tercera persona (femenina)*:

Nominativo	ella	ellas
Dativo	le	les
Acusativo	la	las
Con preposiciones	ella	ellas

6. *Tercera persona (neutra)*:

Nominativo	ello	——
Dativo	le	——
Acusativo	lo	——
Con preposiciones	ello	——

7. *Se y sí como modificaciones de él y ella:*

Dativo y acusativo	se	se
Con preposiciones	sí *o* sigo[1]	sí

B. Posesivos:

	SINGULAR		PLURAL	
	Masculino	*Femenino*	*Masculino*	*Femenino*
1.ª *pers.*	mío (mi)	mía (mi)	míos (mis)	mías (mis)
" " *plural*	nuestro	nuestra	nuestros	nuestras
2.ª *pers. (familiar)*	tuyo (tu)	tuya (tu)	tuyos (tus)	tuyas (tus)
" " *plural*	vuestro	vuestra	vuestros	vuestras
2.ª *pers. (formal)*	suyo (su)	suya (su)	suyos (sus)	suyas (sus)
" " *plural*	suyo (su)	suya (su)	suyos (sus)	suyas (sus)
3.ª *pers.*	suyo (su)	suya (su)	suyos (sus)	suyas (sus)
" " *plural*	suyo (su)	suya (su)	suyos (sus)	suyas (sus)

[1] *Migo, tigo y sigo* se usan después de *con;* v. gr.: *conmigo, contigo, consigo.*

C. Indeterminados:

Para representar personas:		Para representar cosas:	
Afirmativamente	*Negativamente*	*Afirmativamente*	*Negativamente*
alguien	nadie	algo	nada
alguno	ninguno	alguno	ninguno
alguien = alguna persona		algo = alguna cosa	
nadie = ninguna persona		nada = ninguna cosa	

Nota: Los negativos en español son dobles; por ejemplo: *no tengo nada. Estoy muy ocupado y no hago nada para nadie hasta mañana.*

Para dar más fuerza a la oración negativa, se puede poner después del objeto el pronombre indeterminado afirmativo: *no tengo dinero alguno.*

Algún, alguno, alguna, con sus plurales son adjetivos cuando se usan con substantivo.

D. Demostrativos:

	Singular			Plural	
Masc.	*Fem.*	*Neutro*	*Masc.*	*Fem.*	*Neutro*
este	esta	esto	estos	estas	estos
ese	esa	eso	esos	esas	esos
aquel	aquella	aquello	aquellos	aquellas	aquellos

E. Relativos:

Singular	Plural
Masc. y Fem.	*Masc. y Fem.*
que	que
cual	cuales
quien	quienes
cuyo	cuyos

Nota: Como interrogativos llevan acento gráfico; son adjetivos cuando se usan con substantivos, con la excepción de *cual* y *quien* que son pronombres.

D. ÍNDICE GRAMATICAL

Nota: Los números romanos I, II, III, IV, etc., se refieren a las reglas que comienzan en la página 239: en la misma sección del libro comienzan los vocabularios a los cuales se refieren por lecciones, así, V. L. 1; V. L. 2, etc., que significa Vocabulario de Lección 1.ª, Vocabulario de Lección 2.ª, etc.

(1) POR MATERIA

acento gráfico
más de una sílaba
  en la última sílaba
    que termina en **n** o **s**: XLVIII
    que termina en vocal: LI
  en la penúltima sílaba: LIII
monosílabos no lo tienen: LII
  excepciones: LII; V. L. 2; XLVII
palabras interrogativas: IV
  excepciones a las reglas: LIII; LIV
para distinguir palabras: él y el; qué y que; dé y de; mí y mi; sé y se; sólo y solo; tú y tu. XLVII; V. L. 12; V. L. 13

adjetivo
comparación
  de desigualdad
    regular: V; XII
    irregular: XXIII; XII; 50, A
  de igualdad: V. L. 4, tan . . . como; LXXVI
  de numerales: XX
concordancia: I; LI; LXXIV
demostrativos: LXIV; 50, **D**
formación de femenino: VIII; IX; X; XI
numerales: 50, **B, C**
  comparación: XX
  concordancia: LXXIV
que pierden su terminación antes de substantivos: XXII
superlativo absoluto: LXXV

adverbio
  en mente: xxxvii
    dos o más: xxxviii
  negativo
    doble: V. L. 9
    orden de palabras: iii; li

artículo
  concordancia: i; li
  contracción: al, V. L. 7; del, V. L. 3; V. L. 14; 49
  determinado e indeterminado: 49
  determinado en lugar de pronombre posesivo: lxv; quitarse, V. L. 27
  masculino con substantivo femenino: xxvi
  neutro, lo: V. L. 6; xxxii
  no se omite: xvii
  se expresa con días de semana: xxxv
  se omite: xiii; xvii; xviii

letras
  cambio de consonantes
    c en qu; c en z; g en gu; g en j: xlii
    z en c: xliii; xl
  mayúsculas y minúsculas: xxx; xxxi

preposición
  a con objeto personal: xlix
    se omite: l
  contracciones: al, V. L. 7; del, V. L. 3; V. L. 14
  para: lxxvii
  por: lxxviii

pronombre
  ambiguos su y le: xl
  demostrativos: lxiv; 51, D
  enclíticos: xiv; xxxix
  indeterminados: 50, C
  personales: 51, A
    nominativos
      sujeto omitido: V. L. 1, qué; V. L. 2, ellas son
      tú: xxxiv
      usted: xxxiv; V. L. 3

dativos: ʟxxɪɪ; xɪv
   le: V. L. 9; V. L. 10; xxxɪx; xʟ; xʟɪ; xɪv
   se: ʟxxɪ; xxxɪx
acusativos: ʟxxɪɪ; xɪv
   la: xɪv, xxxɪx; V. L. 0
   lo: xɪv; xxxɪɪɪ; xxxɪx; V. L. 4; V. L. 6
   se: V. L. 6; V. L. 10; xxxɪx; ʟxxɪɪɪ
   te: V. L. 12, **acompañarte**
con preposición: V. L. 13; V. L. 18
posesivos: **51, B**
   artículo det. en lugar de: ʟxv; V. L. 27, **quitarse**
   mi y mío: V. L. 5; xʟvɪ; ʟxɪx
   su y suyo: V. L. 3; V. L. 7; xʟ; xʟvɪ; ʟxɪx
   tu y tuyo: xʟvɪ
relativos y interrogativos; **51, E**

substantivo
   aumentativos: xxxvɪɪ
   diminutivos: xxvɪɪ
   formación de plural: vɪ; vɪɪ; xʟ
   género
      masculinos: xvɪ; xɪx
      femeninos: xv; xɪx

verbo
   cambio de consonante en algunas formas
      c en qu; g en gu; c en z; g en j: xʟɪɪ
      z en c: xʟɪɪɪ
   concordancia: ɪɪ; ʟx
   estilo familiar: xxxɪv
   futuro de probabilidad: V. L. 14
   gerundio: V. L. 12, **corriendo**
   · con pronombres enclíticos: xɪv
      invariable: ʟxx
   imperativo
      formación: V. L. 16, **sirva**
      con pronombres enclíticos: xɪv
   infinitivo
      en lugar de subjuntivo: ʟxvɪɪ
      como substantivo: V. L. 9, **en comprar**

con pronombres enclíticos: xiv
en lugar de subjuntivo: lv; lvi; V. L. 22, **mandó llamarle**
objeto personal con **a**: xlix
⠀excepciones: l
participio pasivo: li; V. L. 6, **casada**
reflexivos, recíprocos e impersonales: lxxiii
ser y estar: xxi; xxiv; xxv; 7, 8
subjuntivo
⠀con **creer y decir**: lxii; lxiii
⠀de concesión, condición, excepción, fin, tiempo: lxxi
⠀después de frases impersonales: lxvii
⠀⠀relativos indefinidos: V. L. 12, lvii
⠀en actos de la voluntad: lv
⠀en lugar del imperativo: V. L. 16; 3
⠀⠀mandatos negativos: lxi
⠀expresiones de negación: lxii
⠀preguntas: lxiii
⠀sentimientos: lvi
⠀formación: V. L. 16, **sirva**
voz pasiva
⠀regular: lix
⠀idiomático con **se**: lviii; lxxiii; V. L. 6, **se llama**; V. L. 10, **se
⠀⠀cogen**

(2) POR PALABRAS

a: xlxix; l
abrazo: xxvii
agua: xxvi
águila: xxvi
al: V. L. 7; V. L. 12, **ayudar
⠀al comerciante**
ala: xxvi
algún, alguno: xxii
alto: xii
amabilísimo: lxxv
ambos: xxii
aquel: lxiv
aroma: xv
arroz: xv

artista: xv
ave: xvi; xxvi; V. L. 8
bajo: xii
bonísimo: lxxv
buen, bueno: xxii; xxiii
buzón: xv
cada: xxii
cien, ciento: xxii
cientos: lxxiv
cierto: xxii
clase: xvi
clave: xvi
clima: xv
coja, cojo: xlii

colmillo: xxvii

¿cómo?: iv; V. L. 2

conmigo: V. L. 13

consigo: V. L. 13

contigo: V. L. 13

corazón: xxvii

creer: lxii; lxiii

¿cuál?: iv; V. L. 1

¿cuánto?: iv; V. L. 2

de y dé: xlvii; 33

deber: xxix

decir: lxii

del: V. L. 3; V. L. 14

demás: xxii

día: xv

¿dónde?: iv; V. L. 3

él: V. L. 2; lxiv

ese: lxiv

estar: xxi; xxv

este: lxiv

este, éste, esté: lxiv; 8

fiebre: xvi

flor: xvi

gran, grande: xii; xxii; xlv

gustarse: xxxvi; V. L. 12

haber: xxviii

haber de: xxix

haber que: xxix

hacer: lxviii

hacha: xxvi

hambre: xvi; xxvi

hay: xxviii

idioma: xv

inferior: xii

ínfimo: lxxv

ista, terminación: xv

la: xiv; xxxix; V. L. 4

lápiz: lxv

le: V. L. 9, le cuesta y a quién
le ayudan; V. L. 18, le tiene

miedo; xxxix; xli; V. L. 27,
le duele; V. L. 6; V. L. 4

lo: xiv; xxxii; xxxiii; xxxix

llave: xvi

madre: xvi

mal, malo: xxii; xxiii

mano: xvi

más: v; V. L. 1

más que, más de: xx

máximo: lxxv

mayor: xii; xliv

me: V. L. 29, comérselo

medio: xxii

mejor: xxiii

melo, terminación: xiv

menor: xii; xliv

menos: v

menos que, menos de: xx

mente: xvi

meza, mezo: xlii

mi, mío: V. L. 5; xlvi; lxix

mí: V. L. 18

mínimo: lxxv

mucho: xxii

muerte: xvi

mujer: xvi

nieve: xvi

ningún, ninguno: xxii; V. L.
4

no: iii

noche: xvi

nube: xvi

óptimo: lxxv

pague: xlii

para: lxxvii

parte: xvi

peor: xxiii

pequeño: xii

pésimo: lxxv

pez: xv; xl

piel: xvi
pobre: xlv
poco: xxii
por: lxxviii
primer, primero: xxii
que y qué: xlvii
¿qué?: iv; V. L. 1; V. L. 4
¿quién?: V. L. 2
raíces: V. L. 16
ratón: xxvii
roce: xliii
sacerdote: xxvii
sal: xvi
se: V. L. 6; V. L. 10; xxxix;
　lxxii; lxxiii; V. L. 29,
　comerselo
se y sé: xlvii; 41
ser: xxi; xxiv; xxv
simple: xlv
sino: V. L. 5
síntoma: xv
sistema: xv
solo, sólo: xlvii

su, suyo: V. L. 3; V. L.
　xlvi; lxix
suerte: xvi
sumo: lxxv
superior: xii
supremo: lxxv
tan ... como: lxxvi
tanto ... como: lxxvi
tarde: xvi
te: V. L. 12, acompañart
telegrama: xv
tener: xliv; lxvi
tener que: xxix
tercer, tercero: xxii
toque: xlii
tos: xvi
tú: xxxiv
tu, tuyo: xlvi
último: xxii
un, uno: lxxiv
usted: V. L. 3; xxxiv
vámonos: V. L. 12
varios: xxii

CPSIA information can be obtained
at www.ICGtesting.com
Printed in the USA
LVHW020932281221
707255LV00004B/262